JN061103

マドンナメイト文庫

熟年白書 甦る性春

素人投稿編集部

ENTS

C O N T

〈第三章〉牡と牝の本能が目覚める神秘的な夜

〈第四章〉己の淫欲のまま人生を謳歌する人々

※本書に掲載した投稿には、読みやすさを優先して、編集部でリライトしている部分もあります。なお、投稿者・登場人物はすべて仮名です。

〈第一章〉

還暦越えの漢たちが取り戻した性春

三十歳以上も年下の教え子の性奉仕に失っていた牡棒の硬さと肉欲が甦り……

近藤昌幸　無職　六十六歳

私は定年まで、高校の教師をしておりました。

勤めていた高校の名前は明かせませんが、世間ではお嬢様学校として名の通っている女子高です。もう二年ほど前のことになるでしょうか、四十代の終わりのころに受け持った生徒たちから久しぶりの同窓会に呼ばれ、私も出席しました。

会場はチェーンの居酒屋か何かだろうと思っていましたが、立派なカフェバーのような趣味のよい場所で驚かされました。思えば、当時受け持った子どもたちも、もう三十代。立派な大人の女性に成長していたのです。

「やあ、みなさん、お久しぶり」

幹事に案内された場所に腰をおろした私は、隣に座っていた元教え子を見てハッとしました。私が受け持った生徒の中でただ一人、私に「告白」をしてきた清野麗美《せいのれみ》だったのです。

「お久しぶりです、先生」

そう言って私にお酒を勧める清野君は、少し顔を赤らめています。もう結婚して、苗字も清野ではなく子どももいました。でも面影は当時とほとんど変わりありません。もともと高校生としては童顔でしたが、現在も三十代とは思えません。

それでもよく見ると、仕草やちょっとした身のこなしに大人の雰囲気がただよっています。なにより、黒く長いストレートの髪の毛が印象的です。高校時代は校則で髪が肩にかかることも許されていなかったのですから。

周りを囲む元教え子たちの話に相槌《あいづち》を打ちながら、私は昔の清野君の姿を思い返していました。記憶の中の清野君は、おかっぱに近いショートボブの似合う、まだまだ子どもっぽさを残した色白の美少女でした。

彼女は卒業式の日にわざわざ私を人のいない教室まで呼び出して、好きだと告白してきたのです。妻も子どももいる私が、彼女の思いにこたえることはもちろんありませんでしたが、強烈な印象として残っていたのは確かです。

そのようなことがあったので、初めのうちは隣に座りながらも少しぎこちない、居心地の悪いような気分でいましたが、酒の酔いも手伝って最後には打ち解《と》けて、私が告白された当時の話をしたりもしました。

「先生は結局、私の告白に何も答えてくれなかったですね」

清野君は少し上目づかいのように私を見て、そう言いました。

「いや、ちゃんと断っただろう」

「いいえ、何も言ってくれませんでした」

清野君はゆずりません。私も、記憶はあいまいでした。

たった十数年前でも、忘れていることは多いものなのだなと感じました。

久しぶりの宴席に疲れた私はみんなに挨拶をして、先に帰ることにしました。

店の外に出た私の、酒でほてった頰を、夜風が心地よくなでていきます。

「先生！」

最寄りの駅に向かってフラフラ歩く私を、誰かが後ろから呼び止めました。振り返るとそこにいたのは、同窓会を抜け出してきた清野君でした。

「先生、私まだ先生からのお答えをいただいていません……」

そう言って清野君は、私の腕に抱きついてきました。

不意に鼻先にふれた清野君の黒い艶《つや》やかな髪から、ふわっといい匂いが立ち込めました。私は思わず清野君の背中に手を回し、抱き締めていました。

（いけない……自分も、いまでは彼女も、既婚者なんだぞ……）

そう思いながらも私は清野君に押しきられ、ホテルに強引に引き込まれてしまったのです。言いわけですが、酔っていたとしか言いようがありません。

しかし私には、最後の一線を超えない自信がありました。というより超えることが「無理」だったのです。

それは私の男性の機能が衰えて、もう勃《た》たなくなっていたからです。

すでに十年近くその状態でした。もちろん妻ともセックスレスで、それが原因で不仲とまでは言わないまでも、冷めきった関係に陥《おちい》っていたのです。

私が清野君の誘いに簡単にのってしまったのは、そんな心理的な背景があったのかもしれません。しかし、だから、最後の一線を超えることは無理だったのです。

そうとも知らず、部屋に入るなり清野君は私に唇を重ねてきました。

「んっ……んっ……！」

十分以上、口づけしていたと思います。清野君の積年の思いがこもった、濃厚なキスでした。柔らかな清野君の唇が私の枯れた唇をこじ開け、信じられないほど熱くなった舌先が、生き物のように絡みついてきました。

ようやく唇が離れたとき、清野君の口と私の口は、たっぷりと唾液の糸を引いていました。

「先生、ずっとこうなりたかった……」

私はうなずきました。久しぶりの女性とのキスに私の心も奮い立ちました。

しかし心とは裏腹に、私の男性自身は寝たまま起きてくれません。清野君の期待を裏切るなら早いうちがいい。そう思って、私は不能の事実を正直に打ち明けました。

「だいじょうぶです。私に任せてください」

清野君は落胆するどころか、闘争心に火がついたようにそう言ったのです。

「お、おい……」

清野君は、私の体をベッドの上に押し倒しました。

そしてワイシャツのボタンに手をかけ、ゆっくりと一つずつはずしながら、キスの余韻《よいん》が残る濡れた声で私にささやいてきたのです。

「だいじょうぶです……先生は何もしなくても。ただ、気持ちよくなってさえいてくれれば、いいんです……」

清野君の白い指先が、露《あらわ》になった私の胸板にふれてきました。女ざかりの清野君に老いた胸板を見せるのは、けっして気の進むことではありませんでした。

乳首にふれたり、ふれなかったり……明らかに、じらしてきていました。かつての教え子に体をもてあそばれるというのは屈辱を感じて反発したくなるような、逆にこのままどこまでも甘えたくなるような、不思議な気持ちにさせられました。

「うっ、く……！」

思わず声をあげさせられて、恥ずかしくなりました。清野君の口が、私の乳首を吸ってきたのです。

「清野君……まだ、体も洗っていないよ……」

私はそう言いましたが、清野君は構わずに唇を私の肌に押しつけました。ちゅっ、ちゅっと音を立てて何度も小さなキスをしたり、舌を伸ばして私の肉体に唾液で絵でも描くように這い回らせたり……。

こんなことをいったい、どこで覚えたんだろうか……いまの旦那だろうか……私は、見てもいない清野君の結婚相手のことを思い浮かべました。

清野君の指は、いつの間にか私のズボンのチャックにかかっていました。

そしてゆっくりと脱がして、下着の上から、まずは局部を愛撫してきました。直接的でない、じらしたような愛撫が、徐々に力強い刺激に変わっていきます。

でも私の股間は、ふくらんではくれません。下半身の奥は熱くなっているのに芯が通わず、持ち上がってこないのです。

すまない、と思う私の心を見透かしたように、清野君が言いました。

「先生、元気にならなくちゃとか、そんなことはけっして思わないでください。私はこうしているだけで、ものすごく幸福なんですから……」

私と目を見つめ合わせてそう言いながら、まるで不意を突くように下着を脱がして局部を露出させました。

「あっ……！」

私が反応するよりも早く、清野君の口が私の萎《しな》びたペニスを捕らえました。亀頭の部分を口に咥えて、上に持ち上げました。そしてペニスを私の下腹部の上にあおむけにして、裏筋の部分をていねいに舐め上げたのです。

「おいしい……先生、おいしいです……！」

興奮した声が、荒い息づかいに変わっていきます。

こんなペニスが、私から見ればまだまだ若い三十代の女性を興奮させているという事実に、私の心が励まされなかったと言えば嘘になります。

用ずみになったように感じていた自分の価値が、認められた気分でしょうか。

清野君は、丹念に舌先で萎《な》えたペニスに愛撫を施しながら、両手を私の胸元に伸ばしてきました。そして左右の乳首を指先で刺激してきたのです。

「くっ……！」

男でありながら、乳首を刺激されて声をあげてしまうというのは、実に羞恥《しゅうち》を感じるものです。それも、かつての自分の生徒にされているのですから。勉強を教え、ときには偉そうに人の道を説いたりしていたのに、いまはされるがままの状態なのです。

清野君の責めは、それだけでは終わりません。

「あっ……そこは……」

私は思わず上擦った声をあげてしまいました。

清野君の舌先が、私の玉袋、陰嚢にまで伸びてきたのです。

「ん、ぷふ……先生は、じっとしていてください……」

私の局部から口を離しそう言ったかと思うと、清野君は再び陰嚢に唇を押しつけてきました。

左右の玉を、口の中に含んでは出し、含んでは出しをくり返します。その間もずっと休まず、私の乳首を両手でもてあそびつづけるのです。

まだ洗ってもいない私の陰嚢は、臭くてしょっぱかったと思います。でも清野君はいやな顔ひとつせずに、舐めつづけてくれるのです。

「ごめんなさい……興奮して……よだれがこんなに……」

清野君は恥ずかしそうにそう言いました。事実、清野君の唇から洩れた大量の唾液で、私の下半身の全体がヌルヌルになるほどでした。

まさに奉仕と呼ぶべき、献身的な愛撫の刺激は、これがほんとうにかつてのあの、お嬢様然とした清野君なのだろうかと心底驚かされました。

大人になって、結婚してからこのようなテクニックを覚えたのか、それとも、もしかしたら、私が教えていた当時から……。

当時の清野君の清らかな姿を思い浮かべてそんなことを考えていたら、下半身の奥が、熱くなってきました。

勃起というほどではないにせよ、快感がじわじわと増幅してくるようなこの感覚さえも、もう何年も味わっていなかったのです。

「せ……清野君……なんだか、気持ちがよくなってきたよ……」

私がうめくと、清野君は心底うれしそうな顔で私を見上げました。

「ありがとうございます……先生からほめられるのって、いくつになってもうれしいものなんですね」

悪戯《いたずら》っぽく笑うその童顔は、私の教え子だった当時そのままです。

「でも、絶対に硬くしないといけないとか……挿入しないといけないとか、そんなことは考えないでくださいね。こうしているだけでも、女は満足なんですから……」

教え子に教えられるとは、このことでしょうか。

私は、清野君のやさしさを感じました。私にプレッシャーを与えず、リラックスさせようと努めてくれているのです。

でもここまで私はほんとうにされるがまま、自分からは何もしていない状態でした。

清野君はまだ、身に着けているものを脱いでさえいないのです。

いまの清野君の肉体を見てみたい。その欲望が、押さえつけられなくなりました。

「清野君……」

私は手を伸ばし、清野君の上着に手をかけました。

「あ……」

清野君は顔を赤らめ体をくねらせました。まだ上着を脱がされただけなのに、極上の愛撫を受けたみたいに、全身をふるわせたのです。

この子はほんとうに、俺のことが好きなんだな……私の心も興奮し、躍りました。

ブラウスに手をかけ、今度は私がボタンを一つずつはずしていきます。教え子の服を脱がすという、生まれて初めての体験は、想像以上に背徳感がありました。

いいえ、背徳感はあってあたりまえです。清野君も私も結婚しているのです。しかも清野君にはまだ小学生にもならないお子さんがいると聞いていました。

しかしこの時点では、そんな障害を何も感じないほど、自然にこのような状態になっていたのです。お酒の酔いだけではありません。

やはり、私も清野君とこうなりたいと心のどこかで思っていたのでしょう。

「ん、ああ……」

清野君のピンクの唇から、吐息が洩れました。

私の指が、ブラにかかったのです。真っ赤な、上品で高級そうなブラでした。上品なのに男心をくすぐる、扇情的《せんじょう》なデザインでもありました。

もしかして、今日はこうなることを初めから期待して……こんないやらしいブラをつけてきたんだろうか……私の胸が高鳴りました。もう何年も忘れていた感覚です。

ブラの肩紐が、真っ白い肩をすべり落ちていきました。弾けるように飛び出した清野君のおっぱいは、ほんとうに真っ白なお餅みたいでした。さわる前から、やわらかいということがわかる質感なのです。

三十代になったいまだからこそ、こんなにもやわらかなのでしょう。

私が彼女を受け持っていたころは、まだまだ青く硬い果実。それがいまではすっかり熟して、酸《す》いも甘いも嚙み分けて、ここまで美しくなったのです。

負け惜しみでなく、清野君の裸を見たのがいまこのときでよかったと思いました。

私はしばらくの間、あおむけのまま、清野君の乳房を見つめつづけていました。

「……んん、先生……恥ずかしいです……見てばかりじゃなくて、どうかさわってください……」

清野君はそう言って、私の手を取って自分の胸に押し当てました。

「おお……！」

お恥ずかしい話ですが、私の口から感嘆の声が洩れました。

まるで、液体のようなやわらかさでした。想像以上です。指先が、真っ白なお餅にどんどん埋まりこんでいくのです。

自分の妻は、はっきり言って胸がありません。このような快感を味わうのは、いったいいつ以来だろうと思いました。

「あっ、んふっ……き、気持ちいいです……」

清野君は声を喘がせます。露になった清野君の上半身が、どんどん私におおいかぶさってきます。

乳房が下に垂れて、先端にある乳首が私の目の前に来ました。

やはり子どもを産んでいるので、乳首は少しふくらみ、色も濃くなってはいます。

しかしそれが揺れている様が、卑猥でいやらしくて、なんとも目が離せない光景なのです。

これは、舐めろということだろう……私は舌を伸ばし、揺れる乳首にふれました。硬くした舌先で突いたのです。

「はあんっ……！」

清野君は、びっくりするくらい大きな声をあげました。そして自分自身の声に驚いたように、手の甲を口に当てて体をふるわせたのです。

顔を真っ赤にしてうるんだ目で私の顔を見おろす清野君は、これまでに見たどの彼女よりも魅力的でした。

まだ少し舐めただけなのに……もしかして、老いた私を勇気づけるための演技だろうかと、疑いの心が頭をもたげないでもありませんでした。それでも、自分が女性に快感を与えているという実感を持つのは、うれしいことに違いはありませんでした。

勃起にまでは至らないまでも、下半身の奥の熱がどんどん大きくなっていくのは強く感じました。私は両手で清野君の乳房をもみながら、左右の乳首を交互に舐めました。まるで女性の肉体を覚え立ての少年のようにむさぼったのです。

「あっ、んん、いい……先生……！」

清野君の「先生」というセリフを聞くたびに、下半身が熱くなっていきます。

そして清野君は豊かなおっぱいを私にさわらせている間も、ずっとペニスに手をやって、やさしい愛撫を加えつづけているのです。

清野君の手の中のペニスが、ほんの少しふくらむ感覚がありました。

清野君は私の亀頭を指先でつまんで、もてあそぶように刺激します。そして、パンティとパンティストッキング越しの女性器をペニスに押し当ててくるのです。

「先生……下も、脱がしてください……」

我慢できないという表情で、清野君は私に求めてきました。

「ああ……わ、わかったよ……」

あおむけになった自分に跨《また》がっていた清野君の体をおろして、ベッドの上に座らせました。スカートを脱がせたあとに、すべすべしたストッキングの太ももに手をかけ、ゆっくりと時間をかけて、左右に広げていったのです。

「は、ああ……」

清野君は目を閉じて顔を上にそらせています。太ももをつかむ私の手にも脚の震えが伝わってきます。

ストッキング越しのパンティのその部分がすでに濡れているのが、見ただけでもわかりました。ストッキングの股ぐらが、特に色が濃くなっているのです。

私は我慢できなくなって、ストッキングを脱がすよりも前に、その部分に顔を押し当てて、埋《うず》めてしまったのです。

「あっは、んんっ……！」

清野君の声が一オクターブ高くなりました。舌を押し当てた部分からパンティもストッキングも通り越して蜜がしみ出します。私は舐めながらストッキングに手をかけて、そのまま力任せに引きちぎりました。衝動的にそうしてしまったのです。

「ああんっ！」

清野君の悲鳴に、私は我に返りました。

「す、すまない……」

しかし清野君は、私の頬にやさしく手のひらをあてて言いました。

「ううん、いいんです、先生……私、うれしいんです」

清野君のボロボロになったストッキングを脱がし、ブラと同じで真っ赤なシルクのパンティに手をかけました。奥から現われた局部に、私は目をみはりました。ほとんど無毛に近いほど、恥毛が薄かったのです。

「まる見えすぎて……恥ずかしい……」

真っ赤な顔を私からそむける清野君に、私の胸の鼓動が速くなります。

すでに左右に脚は広げられていて、局部も奥まで露出しています。熱く、茹《ゆ》だったように赤いその部分は、膣内だけでなく左右の襞まで濡れていました。

「そんなに……見られたら……」

清野君の声が興奮で上擦っています。実際、見ているだけで奥から蜜が出てくるのです。私は蜜の味を知りたくなって、舌先を伸ばしました。

「んっ……!」

清野君が声を殺しました。舌先が濡れた膣口にふれたのです。私はそのまますぐに舌を上に向けて、べろっと舐め上げました。

「ああ、ああっ!」

クリトリスにふれた瞬間、大きな声で清野君が喘ぎました。

その瞬間のことでした。ふと自分の下半身に違和感をおぼえ、手を伸ばしてふれてみたのです。

私は驚きました。自分でも予期しないことに、ペニスがいきり立っていたのです。

何年振りかという珍事でした。

「清野君……どうやら、勃った……みたいだ」

私がそう言うと、清野君の赤らんだ顔に笑みが広がっていきました。

「うれしい……」

清野君はすぐに私と入れ違いの体勢になりました。そして、再びペニスにむしゃぶりついてきたのです。萎えた状態よりも勃起した状態のほうが、舐められる気持ちよさ自体も格段にアップすることを、私は知りました。

「先生、素敵です……！」

興奮しきった面持ちで、清野君は飽くことなく舐めつづけます。

「ううあっ！」

不意に襲いかかった感触に、私は悲鳴をあげました。

驚いたことに清野君は、私のお尻の穴に指を挿入してきたのです。これがダメ押しになって、勃起した肉の棒の真ん中に芯が通ったように硬さが戻りました。

「ごめんなさい、先生……」

清野君が悪戯っぽい笑みを洩らしました。

それにしても、己のペニスの硬さ、逞しさが、自分でも信じられませんでした。清野君たちを受け持っていた当時以上だったのです。

清野君は私をもう一度ベッドにあおむけにして、すぐさま跨ってきました。

躊躇《ちゅうちょ》するひまも与えず、女性器に挿入させてしまったのです。ついさっきまで舐めていた清野君の女性器に、生のままの自分のペニスが呑み込まれたのです。

「先生、あぁっ……！」

清野君は、すぐに腰を上下に動かしはじめました。真っ白な豊満な乳房が、これでもかと私の目の前で揺れています。

「先生、最高です……！」

興奮した清野君は、泣いているようにも見えました。積もり積もった思いが溢れてしまうのでしょうか。私の腰も自然に動いて清野君を下から突き上げました。

熟れた肉体が揺れる様を眺めていると、私の下半身はますます熱くなってきました。こんなことが自分の人生にもう一度あるなんて、思いもしませんでした。

清野君の艶々とした白い肌が、あっという間に赤く染まって汗ばんでいきます。

「先生……先生……！」

清野君は腰を振りながら角度を微妙に変えて、膣内でペニスが感じる刺激にバリエーションをつけてきます。意識してなのか、無意識にそうなるのかはわかりませんが、それがとにかく気持ちがいいのです。

グイグイと、奥からしごき上げられる感覚があります。

ああ、このままじゃ、すぐに出してしまう……！　おかしなもので、一度勃起すると少しでも長もちさせたいという気持ちがわいてきてしまうのです。もったいないという感覚でしょうか。

私は自分自身がセックスをコントロールするために、清野君と体勢を入れ替えました。そして、彼女を下に組み敷いて腰を動かしたのです。

「ああ、すごい……！」

自分のピストンで、ずっと年下の女性が喘いでいる。

夢のようでした。

お互いに家庭があることなど、完全に頭から消し飛んでいました。清野君も私も、ただただ気持ちよくなりたくて、目の前の快楽をむさぼったのです。

長持ちさせるために体位を変えたのに、私はぐいぐいと快感をむさぼるように腰の動きを速めてしまいます。そうせずにいられないのです。

「清野君……清野君……！」

ペニス、いや下半身全体が信じられないほど熱くなってきます。久しく忘れていた射精の感覚が、みるみる自分の体に思い出されてくるのを感じます。

「先生、お願い、来て……！」

清野君が私の体を抱き寄せました。汗で濡れた肌が密着し、清野君の乳房が私の胸板で押しつぶされました。その間も、二人の腰の動きは激しくなる一方でした。

「先生、私、もう……！」

「ああ……ぼ、ぼくも……！」

私の腰が清野君の下半身に強くぶつかり、その瞬間、清野君の指の爪が私の背中に突き立てられました。

奥からかき出されるような射精の感覚。その何年かぶりの射精を、私の背中をかきむしる清野君の体内で果たしたのです。

人生最大の快楽だったことは、まちがいありません。

一度失った性を取り戻す歓びは、それほどまでのものだったのです。

定年後の再就職先で出会った美熟妻と貪欲すぎるセックスに嵌っていき……

相澤憲一郎　ドライバー　六十三歳

三十年勤め上げた会社を定年退職しましたが、退職金も子どもの学費と自宅のローンにあてると、残りはたいした額ではなく、自分と妻の老後を考えると、再就職先を探さなくてはならないのは最初からわかっていました。

特に技術やコネがあるわけでもなく、選択肢は限られていました。炎天下や極寒の外での交通誘導員は言うに及ばず、レジ打ちなどで一日じゅう立ち仕事のスーパーやコンビニでさえ、腰が引けてしまう私でしたから、デイケア介護施設の送迎ドライバーは、唯一自分にもできそうな仕事でした。同じドライバーでも、タクシーや宅配便の配達と比べると決まったルートを回るだけですし、その介護施設は自宅の近所でしたから、道も最初からある程度はわかっています。

始めてみると、それなりにやりがいもなくはありませんでした。自分もいずれ高齢者になれば周囲に迷惑をかけることになるでしょうから、そのときの埋め合わせの前払いというか帳尻合わせの先払いというか、いま自分が健康なうちに高齢者のために働くのは、悪い気分ではありませんでした。

職員は送迎ドライバーの私と所長以外は全員女性でした。専門学校を出たばかりの新卒職員もいますが、パートタイム職員も数人いて、近所の主婦のいい働き場になっているようでした。

私が深い関係になったのは、そんなパートタイム職員の一人でした。その女性は美《み》登《ど》里《り》さんといって、五十歳になったばかりの、やはり近所に住む主婦でした。近所といっても住宅密集地のことですから、大通りを一本越えればどこに誰が住んでいるかなんてわかりません。彼女と会ったのも職場が初めてでした。

たまたま帰りがいっしょになることがあり、その日は私の妻が同窓会で留守にしており、一人で外食するつもりだったのですが、美登里さんも旦那さんが出張だとかで、いっしょに駅前の居酒屋に立ち寄ったのでした。前からきれいな人だと思っていましたが、美登里さんも私を意識してくれていたようで、私たちは意気投合し、その日のうちに駅裏のホテルに行く流れになりました。

そんな浮《うわ》ついたことは、若いころを含めても初めてのことでした。けっしてモテるタイプではなく、風俗をのぞけば妻以外との性体験はありません。その妻とももう十年以上セックスレスです。そんな私ですから、ちゃんとできるかどうか実は内心不安だったのです。それでなくても、射精に至るまで勃起が持続できるかどうかも不安な年齢でもあります。いざ挿入したら萎えるとか、そもそも最初から勃起不全とか、ありえる話でした。

ラブホテルの一室で、思春期の童貞男子みたいにぎこちなく、私は美登里さんを抱き締めました。まず最初のキスからがうまくいきませんでした。歯がぶつかってしまったのと、舌を差し込むタイミングがわかりません。

こんなことならキスくらい妻とでもしておけばよかったのかもしれませんが、もう最後にしたのがいつだったのかも思い出せないくらいでした。

私が逡巡《しゅんじゅん》していると、美登里さんのほうから舌を差し入れてくれました。そのまま私の舌を絡め取り、彼女の口の中に迎え入れてくれたのです。

「ああ……」

思わずため息が洩れるくらいの刺激的なキスでした。誘われるままに私は美登里さんの舌に自分の舌を絡ませ、歯と言わず歯茎と言わず彼女の口腔内を舐め回し、溢れる甘い唾液を舐め取って飲み下しました。

私は美登里さんを抱き締め、その体を着衣の上からなでさすりました。彼女もまた私にすがりつき、手を私の下半身に向かわせました。

「あ……！」

美登里さんの手が、私の股間をまさぐります。私のペニスはすでに勃起を始めており、ズボンはテント状態でした。

「すごい。もう勃ってるなんて。元気ですね」

キスだけで勃起するなんて中学生みたいで気恥ずかしくもありますが、勃起不全よりはよっぽどマシだと思うことにしました。

「でもこれ、苦しくないですか？」

そう言うと美登里さんは、私のズボンのベルトに手をかけ、それをはずしはじめました。あれよあれよという間に、私のズボンは脱がされ、トランクスも脱がされようとしていました。その手際のよさは、介護士の当然のスキルなのでしょうか。

「解放してあげないと、かわいそう」

美登里さんはそう言って、トランクスを脱がせました。ぴょこんとペニスが滑稽《こっけい》な動きで跳ね上がりました。

「かわいい」

美登里さんは、そう言って微笑みました。

介護士の業務には入浴介助もあり、男性の裸体は見慣れたものでしょうし、体を洗っているうちに勃起してしまう高齢者もいると聞いたことがありますから、男性器への抵抗感はないのでしょう。

「ここにも、キスしていいですか？」

美登里さんはそう言うと、私の返事も待たずにその場にしゃがみ込んで膝立ちになり、ペニスに指を絡めて亀頭の先端に唇をつけました。

「ああ……！」

思わず腰の引けてしまう気持ちよさでした。美登里さんがまた微笑みます。

「感じやすいんですね」

さらに亀頭に唇を近づける美登里さんを、私はあわてて制止しました。

「先にシャワー浴びてきますよ。今日は朝から風呂にも入ってないし……」

でも美登里さんは、ペニスに指を絡めたまま離してくれません。

「そんな、もったいない」

私は驚きました。

「でも汚れてるし。臭くないですか？」

膝立ちのまま私を見上げる美登里さんの目が、心なしかうるんでいるような気がしました。黒目がちな瞳が、ラブホテルのほの暗い照明を照り返してキラキラ光っていました。

「若いころは、汚いのとか臭いのとか、ふつうに苦手でしたけど、いまは逆にこの匂いに興奮するんです」

私が返す言葉を探しているうちに、美登里さんがまた亀頭に唇をつけました。

「ああ……！」

その刺激に、私は何も言えなくなりました。

美登里さんの舌先が、亀頭を丸くなぞります。傘の部分を舐め回し、尿道口をくすぐります。

私は恐縮するやら気持ちいいやら、その場に立っているのもおぼつかなくなり、足をよろめかせました。恥垢を舐め取ろうとするかのようでした。そんな私を美登里さんがベッドに腰かけさせ、そして本格的にフェラチオを始めたのです。

茎に舌が這わされ、浮き出た静脈をなぞるように舐め上げられます。亀頭までたどり着くと、今度は舌先は下方に向かい陰嚢に至ります。やわやわと陰嚢をもまれながら舌を這わされ、あまつさえちゅうと吸いつかれて玉を口に含まれるなんて、私には初めての経験でした。

「ああ、美登里さん、すごく、じょうずですね……！」

上目づかいで私を見上げる美登里さんの口が、亀頭をがっぽりと咥え込みました。柔らかい口中の頬肉がペニス全体を締めつけます。微笑みに目が細められ、淫靡な輝きを放ちます。

唇が柔らかく食い進み、深々とペニスを呑み込みました。驚くほど深く、陰茎のほとんど根元までが口腔内に含まれ、先端はのどちんこに達するほどでした。

「すごいです。気持ちいいです……」

美登里さんは上目づかいで私を見つめながら頭を前後に振って、ピストンを始めました。ゆっくりと深く浅く、まとわりつく頬肉の内側粘膜がペニスをしごき上げます。たまらない快感でした。フェラチオされた経験がないわけではありませんが、こんなに気持ちのいいフェラは初めてでした。

「ああ……」

やがてピストンが速まり、溢れ出す唾液がじゅぷじゅぷと泡立ち、口の端からこぼれて床に滴《したた》りました。快感が増し、私は腰の奥に射精の予兆を感じてあわてました。

「あ、だめです。美登里さん、そんなにしたら、出てしまいそうだ……！」

また美登里さんの目が細められ、悪戯っぽい光が宿ります。ペニスの根元に絡められた指に力が込められ、唇と連動してしごき上げます。さらに、もう一方の手で陰嚢をもみしだかれてはたまりません。

射精の予感は、いよいよ強まりました。

「美登里さん、ああ、ホントにもうイッてしまう……！」

うんうんと、美登里さんがうなずきます。このまま私を射精に追いやるつもりのようでした。

勢いづいたピストンで、ともすればペニスの先端がのどちんこを強く突いてしまうようで、喉の奥が嘔吐《おうと》反応に震えます。うぐうぐとえずきながら、それでも彼女はピストンをやめないのです。それどころかもっと深く咥え込もうとし、もっと激しくピストンしようとするのです。

何が美登里さんをそこまでさせるのでしょう。介護士は優しい人ばかりで献身的なものですが、これもそういうことなのでしょうか。勃起したペニスと見れば射精させずにはいられないというような。そうであるならば、このまま優しさと献身を甘受して射精するのが正しいのかもしれない。頭の隅でそんなことを考えました。

「いいんですか？　口の中に出しちゃいますよ？」

もう我慢の限界でした。私はあきらめて自分に射精することを許しました。誰かに背後から尻を蹴飛ばされたような衝撃とともに、私はあえなく絶頂に追いやられ、激しく射精しました。

「ああ……！」

何度も何度も精液が放たれました。オナニーもずいぶんご無沙汰でしたが、還暦を越えても我が生殖機能はけなげにも精液を作りつづけていて、出さなければ溜まる一方でしたから、かなりの量が美登里さんの喉の奥に向けて一気に放出されたはずです。その大量の精液を、ごくりと喉を鳴らして彼女は飲み干しました。

「いっぱい出ましたね……うれしい……おいしい」

やっとペニスから口を離した美登里さんが、そう言いました。

私は恥ずかしくも申し訳なくて二の句が継げませんでしたが、彼女は再び亀頭にむしゃぶりつき、尿道に残る残滓《ざんし》までを音を立てて吸い上げました。射精したばかりで敏感になった亀頭への刺激には、痛みにも似たくすぐったさがあり、思わず腰が引けましたが、やはり美登里さんの口はどこまでも追ってきて、逃がしてはくれません。

もう観念するしかないようでした。

最後の一滴までを吸い上げたあと、やっと美登里さんは身を起こしました。

「できれば、ちゃんとセックスしたかったんだけど……」

私の言葉に、美登里さんはきょとんとした顔で私を見ました。

「しましょうよ。私もそのつもりですよ？」

そうは言われても、一度射精してしまいましたから、そう簡単には復活しません。

若いころならまだしも、美登里さんは熟年のセックスをどう思っているのでしょうか。

旦那さんはそういう絶倫系の人なのか、同じ五十代前半ということでしたから、そういうこともあるかもしれません。この年齢で干支《えと》ひと回り違えば、ずいぶん勃起事情も違ってくることを、美登里さんはわかっていないのでしょう。

「きっと大丈夫ですよ」

こともなげに美登里さんは言います。

「最後までできなくても、優しくしてもらえたら、私はそれで満足ですから」

そう言うと、美登里さんは着ていた衣服を脱ぎました。シャツを脱ぎ、スカートを脱いで、下着姿になりました。

「こんな安物で恥ずかしい。こうなるとわかってれば、もっとエッチな下着を着けてきたんですけど」

私としてはあからさまに煽情的な下着よりも、ふだん使いの量販品下着のほうが好ましく思えました。

優しくしてもらえたらというのが、手指と口唇でイカせてほしいという意味であることは私にもわかりました。

美登里さんの超絶フェラほどの仕事が自分にできるとは思えませんが、できる限りのことはしようと私は彼女の肉体に挑みかかりました。

ブラジャーをはずすと、控えめな乳房が露になりました。手のひらサイズというか、好ましくちょうどいい大きさです。両手を添えるとそれは柔らかく、私は弾力を確かめるみたいに指先に軽く力を込めてもみました。やや大きめの乳首に指先がふれ、美登里さんが身をふるわせます。

「ああん……」

少女のようなか細い声が耳に心地よく響きました。私は美登里さんの胸に顔を埋めて乳首に吸いつきます。

「……気持ちいい。もっと強く吸って？」

私は言われるままに強く吸い、上下の歯で乳首を甘噛みして、口に含んで舌先で転がすように愛撫しました。

「ああ、そう、じょうず……気持ちいい。んんん、んぁああ……！」

私に組み敷かれたまま、背筋をのけぞらせる美登里さんの腕が、乳房にむしゃぶりつく私の頭に回され、抱き締められました。

ひと回りも年下の美登里さんですが、そんなふうに胸に抱かれると、まるで母にそうされた幼少期のころに戻ったように感じられます。組み伏せているつもりが抱きすくめられて、あやされているような気分でした。

「ねえ、こっちも……」

美登里さんは私の手を取ると、下半身に導きました。内腿に手を差し入れ、股間にふれます。下着の上から割れ目をなぞると、そこはすでにじっとりと湿っていました。

私は指先を下着の縁《ふち》にかけて脱がせました。

美登里さんの陰毛は薄く、割れ目を隠しきれていませんでした。深い亀裂が、そのまま性器に繋がっている様子が観察できました。

「舐めて？ 口でしてほしいの……」

両脚を広げさせて、その間に体を割り込ませると、私は頭から股間に突っ込みました。むっと匂い立つ女の匂いが鼻腔を刺激します。美登里さんの言う、匂いで興奮するという意味がわかる気がしました。

小振りな性器全体を、唇でおおうようにむしゃぶりつきます。陰唇をかき分け、思いきり伸ばした舌を膣口に挿し込むつもりで挑みますが、はからずも鼻面がクリトリスをこすり立て、そっちの刺激のほうが美登里さんをより感じさせたようでした。

「あ、すごい、すごく感じる……気持ちいい。そこ、弱いんです……」

そういうことならと、私はクリトリスに狙いを定めます。乳首と同じように、平均よりやや大きめの美登里さんのクリトリスですが、逆に包皮は薄く控えめで、剝くまでもなく最初からほとんど露出していました。そこに舌先で軽くふれただけで、美登里さんは大きくのけぞりました。

「はぁあんんん！」

どうやら、彼女のクリトリスはほんとうに敏感なようです。私は唇をすぼめてクリトリス全体を口の中に吸い上げ、力を込めて硬くした舌先を絡ませるようにして愛撫しました。

「あああああ！　それ、イイ。気持ちいい！」

伸び上がり縮こまりして、ベッドのスプリングの具合を確かめるみたいに美登里さんの体が跳ね上がります。私は両太ももを抱え込み、腰を押さえ込んで、負けじとクンニリングスを続けました。

「あ、イク、イクかも……イキます！　ああ、あああ、はぁああんんん！」

美登里さんの両脚に力が入り、ピンと伸びました。私の側頭部がぐいぐいと締めつけられます。喘ぎ声が止んだかと思うと、息を止めたまま、びくびくと美登里さんの体が激しく痙攣しました。絶頂に達したようでした。

やがて美登里さんはがっくりと脱力して、ベッドに沈み込みました。

「美登里さんこそ、すごく感じやすいじゃないですか」

私は身を起こしながら、そう言いました。

「あ、嫌。やめないで！」

「え？」

「もっと、舐めてほしいの。だめ、ですか？」

私は驚くというより、半ばあきれました。イッたばかりだというのに、美登里さんはまだクンニを続けてほしがっているのです。絶頂のあとは、神経がささくれ立ってふれられたくないくらいなのですが、それは男性だけなのでしょうか。それとも単に個人差ということかもしれません。妻はそういうことをあからさまに言うタイプではありませんから、比較することもできません。

いやということはありませんから、私は再び股間に顔を向けました。

「私も舐めます。舐めっこしましょう！」

美登里さんがそう言って、私たちはシックスナインの体勢になって、お互いの性器を舐め合いました。力を失ったペニスを舐められるのは、それはそれで恥ずかしいものですが、拒《こば》むほどではありません。

私はペニスにじんわりと快感を感じながら、彼女の腰を横抱きにして陰部全体を舐め回しました。

「指、欲しい。指も入れてください……」

請われるままに、私は尻側から手を回して中指を膣口に挿入しました。愛液まみれのそこは、ほとんど何の抵抗もなく私の指を受け入れました。

「ああ、気持ちいいです。もっと、中をかき回してぇ……」

美登里さんの貪欲さはとどまるところを知らないようで、その様子は好ましく、かわいく感じられました。誰かに求められて、自分がそれにこたえられるということは、やはりうれしいものです。

美登里さんの反応を見ながら指先で膣内の敏感ポイントを探り、肉襞を優しくかきむしります。その一方で亀頭にまとわりつく舌の感触を楽しみました。

そのうちにペニスが再び力を取り戻すのを自覚して、我がことながら驚きました。さっき射精したのにまた勃起するなんて。私の肉体は自分で思っているよりまだ若さを残していたようです。それとも、美登里さんの介護士特有の優しさと献身のおかげでしょうか。あるいは、快楽に貪欲な様子に触発されたのかもしれません。

「素敵。入れてみませんか？」

もちろん否はありません。私たちはあらためて抱き合い、さっきまでお互いの性器を舐めていた口でキスを交わしました。お互いの性臭を感じ、愛液と精液の味を感じながら唾液を飲み合うのは格別にエロティックで、私の勃起を助長しました。

私は大きく開脚した美登里さんの内股に体を置き、誇らしく勃起した亀頭の先端を膣口に押しつけました。私が腰に体重を乗せるより早く、美登里さんがブリッジの要領で腰を浮かせて、陰茎が膣内に呑み込まれました。

「ああ、イイ！　すごく硬い。それに、すごく大きい。うれしい。気持ちいい。もっと、もっと深く入れて……！」

私も負けじと最奥部に届けとばかりに腰を突き入れ、美登里さんを串刺しにします。すばらしい快感が下半身に満ちました。

「ねえ、私ももっと動きたいの。いい？」

そう言って美登里さんが身を起こし、私は尻もちをつく格好になりました。座位というのでしょうか。後ろ手をついた半ブリッジ状態で、自由になった腰を美登里さんが振り立てました。

「ああ、気持ちい。これ、好きなの……！」

小振りに見えた彼女の膣口が大口を開けてペニスを咥え込んでいる様子が、目の前で観察できました。腰のうねりに合わせて膣口や陰唇が形を変える様は、不思議と感動的な光景でした。女陰と顔を見比べる私と、美登里さんの目が合いました。

「そんなに、ソコばかり見ないでください。恥ずかしい」

じろじろと見すぎたようです。美登里さんが正面から私に抱きつき、キスを求めてきました。私の下腹部に彼女が乗っかるような格好になりました。キスにこたえながら、私はあぐらをかいて彼女の体重を支えます。

「あ、これもイイ。また別のところがこすれて。それに、これ、深いぃ……！」

そう言うと、また美登里さんは腰をくねらせ、上下にピストンを始めるのでした。激しすぎる動きで転げ落ちないように、私は彼女の腰を両手で支えなくてはなりませんでした。ヨガリ狂い、尻を振り立てるその動きはどんどん速くなり、やがてピークを迎えました。

「ああ、すごい、すごく気持ちいい！　もうだめ、もう、イク、イキます……！」

美登里さんは、背筋をのけぞらせて絶頂を迎えました。

あとで聞きましたが、美登里さんは何度でも続けてイケるのだそうです。実際そのときも、座位、後背位、そして正常位で美登里さんは絶頂をむさぼりました。あきれるのを通り越して、私は尊敬の念さえ感じたものです。

以来、私たちは関係を続けています。

月に一度くらいの頻度で、なんとか時間を作って逢引《あいび》きします。人目を避けて繁華街まで出かけて待ち合わせ、思う存分ホテルで抱き合うのです。

降って沸いたような第二の青春にとまどいながらも、美登里さんの貪欲な肉体に、ハマっている私なのです。

電気工事士の私を誘惑する肉食系熟女豊満ボディを堪能し感動の二連発貫！

田所清志　自営業　六十六歳

私は電気工事士の資格を持っており、在宅でしている本業とは別にエアコンやＢＳアンテナの取りつけなどのほか、家電の修理を請け負う看板を出しています。住宅街ということもあって、リモコンの調子が悪いなどのこまごました注文がちょくちょくあり、こづかい稼ぎ程度ではありますが大事な収入源になっています。

依頼してくるのは、女性がほとんどです。そのため、界隈の奥さんといろいろな交流があるのですが、そんな中でも極めつけの体験をしたので書いてみたいと思います。

その日、私は陶芸教室に通う女房を送り出したあと、本業の仕事をひと段落させて自分で昼食を作って食べていました。家の一階が仕事場兼事務所になっており、一人のときは食事もそこでとるようにしています。

焼きそばを頬張りながら漫然とテレビを見ていますと、道に面したガラス戸をのぞき込むようにして、買い物袋を提《さ》げた長身の奥さんが「あのう、こんにちは」と控えめに声をかけてきました。

年は四十歳前後でしょうか、肉感的なボディラインのよくわかるグレーのマキシワンピースを着た、男好きのする美人でした。長いストレートの黒髪と真っ白い肌がちょっと前に結婚したセクシー系のテレビタレントを連想させます。そのタレントよりもやや年上で、肉づきがよく、色気のかたまりといったふうに見えました。

こんなに目立つ奥さんが近所にいただろうか？　内心で思いつつ立ち上がって対応すると、その奥さんは「こちらって、テレビの配線もやってくれます？」と室内を見回しながら言いました。壁に沿って電気関係の工具が整理して置かれているものの、いわゆる電気屋とは違うのでとまどったのでしょう。

「ああ、そのくらいなら、今日これからでも大丈夫ですよ」と私は答えました。

「じゃあ、お願いできます？　その先のマンションなんですけど」

聞けば、まだ越してきたばかりで、ご主人が仕事で忙しいため家の片づけや何かを全部一人でやっているとのことでした。愚痴っぽくそんな話をしているときの仕草や目つきにもいちいち艶があり、私は胸を躍らせながらすぐあとで伺う約束をしました。

三、四十分後、道具箱を持って訪ねた先は、つい最近できたばかりの近代的なマンションでした。なるほど、部屋の中はまだダンボールだらけで、迎えてくれた奥さんはタンクトップにショートパンツという格好に着がえており、いままさに格闘中という感じです。

「このプラズマテレビを、ブルーレイとつなげて見られるようにしてほしいのよ」

汗で髪の毛を濡らした奥さんが首にかけたタオルで額をふきつつ、さっきよりもラフな口調で言いました。

「承知しました。しかしなかなかたいへんそうですな、お片づけ」

「そうなのよ、こういうのってふつうは旦那がやってくれるものよねぇ。全部だなんて気が遠くなっちゃう」

不平をこぼしながらも四つん這いになったり前屈みになったり、グッと踏ん張って物を移動させたりして、休むことなく体を動かしています。

床に座って作業を始めた私は、ついつい奥さんに目が吸い寄せられてしまいました。前屈みになればグラビアアイドルのような豊かな乳房がタンクトップからこぼれ出そうになりますし、四つん這いになればホットパンツのすそから尻たぶの一部がはみ出し、もっと際どい部分まで見えてしまいそうなのです。

ちょうど女の盛《さか》りといった年ごろ……汗だくになって照り光る肌はムンムンと甘い香をにじませていて、そうするうちに室内は奥さんの体臭でむせ返らんばかりになっていました。

こりゃたまらんな……だがこの人、ちょっと普通じゃないぞ……一度など奥さんがこちらを向いてしゃがみ込んだので、M字形に開いた長い脚と、そのつけ根の部分に出来た悩ましい陰影、そしておっぱいの乳輪に近いところまでが同時に目に飛び込んできました。

若いころならあっさり理性を失くしてしまっていたかもしれません。しかし、私は逆に警戒心を強くして、強引に奥さんから自分の目を引き剥がしました。副業とはいえ、ご近所とのおつきあいで成り立っている仕事ですから、妙な噂を立てられるような迂闊《うかつ》なまねは厳《げん》に慎《つつし》む必要があるのです。

気を取り直して無事に作業を終え、テレビとブルーレイプレイヤーがちゃんと機能することを確認してもらうと、奥さんが冷たいコーヒーを出してくれました。

個人的なことを聞いておくことは、今後の商売にもつながります。私はさりげなく細かな情報を引き出しました。

奥さんの年齢は四十二歳、名前は真理《まり》さんといい、ご主人は誰もが知っている一流企業の課長さんで、小学校低学年のお子さんは私立へ行っているとのことでした。

身長は百七十センチあり、三十代のころに始めたフラダンスを続けたいので近くに教室がないか探しているところだと、立ち上がって少し踊ってくれました。

こちらをじっと見つめてきながら両手を上げて腋の下をさらし、腰を力強く回転させる真理さんの重たげな胸のふくらみがユッサユッサと揺れました。

これが誘惑でなかったら、なんだというのでしょう。

コーヒーといっしょにゴクリと生ツバを飲み込みつつ、イヤラしい目つきになってしまわないようにするのにたいへんな苦労をしました。

しかし、真理さんの挑発行為はこれで終わりではなかったのです。

「いや、ごちそうさまでした。お幸せそうでなによりですな」

世辞を言って立ち上がろうとしたとき、真理さんが「ねえ、そう見える？　亭主元気で留守がいいっていうけど、忙しすぎるのもどうかと思うのよ」と私を制し、「実はもう一つ、見てもらいたいものがあって……」と、近くのダンボールから棒状の何かを出してきました。

見ると、それは使い古されて色のあせた太い紫色のバイブレーターだったのです。

「これ、急に動かなくなっちゃって……直せる？」

どう対応したものかと、うろたえながら平静を装《よそお》ってバイブレーターを受け取りました。スイッチを入れてみましたが、確かに動きません。電池は新品だという言葉を信じてていねいに見ていくと、コードの一部に断線があることがわかりました。

「これなら直せますよ。ちょっと待っててください」

職業意識を奮い立たせて道具箱からハンダを取り出し、断線箇所を繋ぎ直し、表面を絶縁テープで補修しました。あらためてスイッチを入れると、バイブレーターがウネウネと動きだします。

「見た目はよくありませんが、これで使えます」

「あら、うれしい。ねえ、これも試させてもらっていいかしら？」

試すというのは、先ほどのテレビと同じように、実際に使ってみるということでしょう。真理さんのトロンとした目つきを見て、私は挑まれていると感じました。

実際の話、こういう仕事をしていると、暇を持て余した奥さんから誘惑を受けることが数年に一度くらいはあるのです。

そうして手を出してしまったことが、過去に二度ありました。

しかし、いずれの場合もふだんから仲のよかった奥さんで、人柄をわかっており、けっして面倒なことにはならないという確信があったうえでのことでした。またその当時は私の下半身も元気いっぱいだったのですが、年をとってしまったいまでは……。

「あぁ、申し訳ありません、そろそろ次のお客さんのところへ向かわないといけませんので……もし、使えなかったときはお電話をください」

とっさの嘘をついて立ち上がり、お代をもらってすごすごと退散するしかありませんでした。

まっすぐ家へ帰ると女房はまだ戻っておらず、私は冷蔵庫から出した缶ビールを飲みながら先ほどの出来事を反芻《はんすう》しました。

真理さんの人柄を知らないためにあの場では警戒心が勝りましたが、一人になって落ち着いてみると、非常にもったいないことをした気がしてきます。最後まではできないにしても、ちょっとさわるくらいはしておいてもよかったかなぁと。

いままであれほどソソる女に会ったことはありません。

顔といいボディといい、テレビの画面越しならいざ知らず、日常生活の中であんな上玉と顔を合わせる機会など、一生に一度レベルだと思えてくるのです。

肉感的な長い脚、匂い立つような腋の下、汗の玉が浮いた胸の谷間、プリッとしていながら熟れ感のある大きなヒップ。ビールを煽《あお》りながら悩殺的なシーンを思い返しているうち、知らずしらずに呼吸が荒くなってきます。

そのとき、股間のものが久々に硬くなっていることに気づいた私は「えっ」と驚きの声をあげました。

年をとっても自慰はしていましたが、五十代の半ばころからはけっして半勃ち以上になることはなく、いつも柔らかいままで射精していたのです。

ビールを飲み干した私は、一階の事務所から二階の寝室に移動すると、たまらず自慰にふけりました。

もしも、真理さんの誘惑に乗っていたらと想像しながら……。

しかし、モノが使えるとなったら話は別です。

日を跨《また》いでも、真理さんのことを思うと私の股間はすぐに反応を示しました。以前、有名な勃起薬を試してみたことがありましたが、そんなものよりもずっと効果がある気がして、自慰をするたびに後悔の念が強くなっていきました。

そうして悶々《もんもん》と過ごしていたある日のことです。別のお宅へアンテナの取りつけに伺った帰りしなに、道行く真理さんを偶然に見つけました。

私は軽トラの速度を落として、運転席の窓から真理さんに声をかけました。

「こんにちは、奥さん、あれからテレビの調子はどうですか?」

「あら、電気屋のおじさん」

あの日、私は逃げるように部屋を出てしまいましたが、真理さんは気にした様子もなく笑顔を見せてくれました。

ジムかどこかで運動をしてきた帰りなのか、上下ピンクのスポーツウェアを着た真理さんは、やはり素人離れしたプロポーションに見えました。

「おかげ様で、ちゃんと映ってるわよ」

「そうですか、それはよかった……あのう……ところであっちは……修理したものはいかがですか？」

思いきってズバリと言ってみました。ここが勝負どころというやつで、返答次第では妙な考えをスッパリ捨てなければなりません。私は少し緊張しました。

すると、真理さんが言いました。

「そうね、毎日使ってるけど……ちょっと刺激が足りないかも。アフターサービスで見てくださる？」

そして、甘えるように首をかしげ、舌舐めずりをしたのです。

話はあっさりつきました。私は軽トラを置きにいったん帰ると、ソワソワと浮き足立ちながら徒歩で真理さんのマンションへ向かいました。女房や近所の目もあるので、いちおう道具箱も持っていきました。

初めてバイブレーターを見せられたときにも感じたことですが、真理さんという女性は、世に言う「痴女」や「淫乱」に属する人なのだと思います。驚いたことに、ドアを開けて私を迎え入れた彼女は、黒いネグリジェのようなキャミソール姿でした。

「こっちよ」

挨拶もなく肩に手を置かれ、先日のリビングではなく大きなベッドの置いてある寝室へ案内されました。前もって準備していたのか、すでにバイブレーターが枕の上に置かれていました。

「これね……ブルブルしたり回転したりするだけで、出し入れする動きがないの」

真理さんはそう言って、バイブレーターを私に手渡し、ベッドの端に腰かけると、おもむろに脚を大きく割り広げました。

「お、奥さん……」

百八十度近くも開かれた脚のつけ根を見て、私はまた衝撃を受けました。

真理さんは、パンティをはいていなかったのです。

剝き出しのそこは濃い陰毛におおわれていましたが、割れ目の部分は完全に露出していました。桃色の粘膜がイヤラしく濡れ光り、ムンッと匂い立っているようでした。

私のズボンの中のものは、すでにギンギンに硬くみなぎっていました。すぐにでも押し倒してしまいたい衝動を抑え、私は床に片膝を立てました。

「こいつに足りない動きというのは、つまり、こういうことですか？」

真理さんの反応を慎重にうかがいながら言い、バイブレーターの先端を割れ目の中心に押し当てました。真理さんが「んっ」とかすかにうめいて少しだけ顎を上げます。

ヌルゥッ……。

少し力を入れただけで、バイブレーターの幹が粘膜の中へ埋没《まいぼつ》しました。

「こ、こうですね？」

スイッチを入れ、同時に抜き差しを始めます。鈍い振動音とともにバイブレーターがクネりだし、クチッ……クチッ……と湿った音が連続して鳴りました。

「そうっ……ああっ、そうよ……そうよ、おじさん！」

突然、真理さんが息を乱しながら言い、片脚を私の首に絡めてきました。そのまま強い力で前に引かれ、私は気づくと真理さんの性器に顔を押しつけていました。

熟れた女の匂いに鼻が満たされ、口の周りが濡れました。

私はバイブレーターの抜き差しを続けつつ、夢中でクリトリスを舐め回しました。わんさとある陰毛が目に刺さり、痛みにギュッと目を閉じました。

しかし真理さんの脚は私の首をより強く締めつけてきて、何度もグッ、グッと自分のほうへ引き寄せました。

床にへたり込んだような格好で作業着姿のまま手と舌を動かしていると、真理さんのもう一方の足がグリグリと股間を踏みつけてきました。

ズボンの中で硬くなったものが摩擦され、私は思わず声を洩らしました。

「バイブとおじさんのチ○チン、どっちのほうが硬いかしら……ねぇ、見せてよ」

首に巻かれた脚が不意に解かれ、目をのぞき込まれました。私は魔法をかけられたようになり、呆然《ぼうぜん》としたまま立ち上がると、真理さんの目の前でベルトをはずしてパンツごと作業ズボンをおろしました。

そのとたんにモノをつかまれ、竿だけでなく睾丸まで舐め吸われました。

ジュブゥッ、ジュブゥッと猛烈な勢いでバキュームされ、同時にシャツの中へ手を入れられて乳首をくすぐられました。

「ああっ……お、奥さん……私は……」

視線をおろすと、キャミソールのゆるい首元から乳房がまるまるのぞけました。

Gカップかカップか、わかりませんが、とにかく私が見たこともないボリュームでした。

鳥肌立つような興奮と快感に頭が真っ白になりかけたとき、真理さんの性器からバイブレーターが抜け落ち、床の上でのたうち回りました。

その瞬間、私は衝動的に真理さんをベッドへ押し倒していました。

自分よりも背の高い真理さんにおおい被さり、キャミソールをずり下げて乳房にかぶりつきました。

きれいな乳首を口の中で転がしながら肉のかたまりに顔を押しつけ、感触をむさぼると、真理さんが「ふふふ」と笑って背筋をのけぞらせました。

裸の下半身同士が絡み合い、自然につながってしまいそうでした。

「生で大丈夫よ。お薬飲んでるから」

真理さんが熱っぽい声で言い、直後に脚が左右に開かれました。私の腰が自然と太ももの間に落ち着きます。

信じていいのかわからないまま、腰を前へせり出させると、硬くそり返ったモノが灼熱の粘膜に包み込まれました。

「あぁっ」

喜悦の声をあげたのは、私のほうでした。

ジムやダンスで鍛えているせいなのか、真理さんの性器は経産婦とは思えないほどきつく締まり、竿全体をミチッと強く押し包んできました。本能のままに腰を動かしていると、粘膜の小さな凹凸まで感じられるようで、信じられないほどの快感がざわめくように背筋を駆け上がりました。

真理さんの脚が私の胴に絡みつき、さらに両腕で抱き締められました。

私は陶然となりながらディープキスを仕かけ、迎えてくれた真理さんと舌を絡め合わせました。還暦を過ぎてこんな美人と交われるとは、つい一週間前までは夢にも思っていなかったことでした。

私は咽喉の奥でうなり声をあげ、身を捩《よじ》るようにして上半身も裸になりました。そうして再びキスをして、自分の胸で真理さんの乳房を押し潰し、怒濤《どとう》のように腰を激しく動かしました。

「ああっ、いいわ……おじさん……もっとよ、もっと突いてちょうだい！」

耳元で言われ、私は上半身を起こすと、真理さんの片脚を抱えて横臥位の体勢になりました。そして真理さんの足を舐め回し、思うさま乳房をもみたくりました。

「あはぁっ……イイッ！　もっと……もっとよ！」

励ましに背中を押されるように運動を続け、次は後背位の格好になりました。パンッと張った見事なヒップを抱え、肛門を見おろしながら激しく腰を打ちつけていると、不意に猛烈な快感が込み上げました。

「いかん……い、イクッ！」

それは中学生のころに味わったような、烈火の如き射精でした。ビュルビュルと痛いほどの勢いで先端からほとばしり出た精液は、コントロールのしようもなく真理さんの膣奥に一滴残らず浴びせられました。

「も、申し訳ありません、奥さん！」

私は息も絶えだえのまま、即座に平謝りしました。しかし、真理さんは「中で出していいって言ったでしょ」と平気な様子で、しかも「まだできるわよね」と二回戦を挑んできたのです。

正直、自分にそこまでのスタミナがあるとは思えませんでした。ところがまたしても驚かされたことに、真理さんの献身的なテクニックですぐに復活した私は、およそ何十年かぶりにもうひとがんばりしたのです。

それで真理さんを満足させられたかどうかは疑問ですが……おかげで、自分なりに精いっぱいの「アフターサービス」はさせてもらうことができました。

事が終わると真理さんは「あら、もうこんな時間。子どもが帰ってきちゃう」とすぐに私を追い出しにかかりました。もちろんこちらもダラダラする気はありませんでしたから、とにかく心からのお礼を言い、「また何かありましたら」と、シャワーも浴びずに部屋を出ました。

先に「痴女」だの「淫乱」だのと書きましたが、そういう遊び慣れていそうな人ほど、逆に後腐れというものがないようです。

その後、真理さんとはたまに道で会うとニッコリ挨拶し合う関係に落ち着いており、地元で商売をしている私としては、つくづくいい人だったと痛感しています。

一つだけ困ったことがあるとすれば、あれ以来、すっかり元気になってしまった股間のものを持て余しっぱなしでいるということです。迂闊なことはしないよう気を引き締めなければいけませんが、また話のわかるスケベな奥さんが引っ越してこないかと、都合のいいことばかり考えてしまっています。

お金に困った人妻との魅力的な取引き
忘れかけていた牝穴に老肉棒を挿入！

宗像幹郎　士業　六十八歳

ある地方都市で小さな事務所を開いており、所長を務めている者です。

去年の七月、雑務担当の事務員が辞めてしまい、新たに募集をかけたところ、一人の女性が応募してきて、面接しました。

彼女は山下《やました》さんという主婦で、年齢は三十八歳。ベビーフェイスが魅力的な女性で、小学五年生の息子さんが一人いるとのことでした。

旦那さんはコロナ不況で給料が減額され、切羽詰まった印象から、これならまじめにやってくれるだろうと判断し、すぐに採用しました。

いまにして思えば、山下さんを雇ったのは、無意識のうちに下心めいたものがあったのかもしれません。

むさ苦しい所内は華やかになったのですが、二カ月も経《た》たないうちに給料の前借りをしてきて、詳しい事情を聞くと、旦那さんがリストラされてしまい、お金に困っているとのことでした。

　そのときは仕方なく前払いしたのですが、翌月も無心してきて、とんでもない人を雇ってしまったと後悔しました。

「うーん……毎月じゃ、こちらも困っちゃうんだよね」

「なんとか……ならないでしょうか？」

「いや、それはこっちのセリフでしょ。ほかに、借りるアテはないのかね？　身内とか、友人とか知人とか……」

　ぶっきらぼうに答えると、彼女はうつむき加減で涙ぐみました。

　借りる相手がいるのなら、わざわざ就職先に前借りはしてこないでしょう。おそらく、すでに複数の人間から金を借りていたのだと思います。

　女の涙には敵《かな》わないと言いますし、実際にかわいそうだとは思いましたが、私はこの時点で事務所を辞めてもらってもかまわないと考えていました。

　この調子では、前借りは延々と続くでしょうし、とても請け負えないと判断したのです。

「とにかくお金は貸せないから、旦那さんになんとかしてもらってよ」

その場から離れようとした瞬間、彼女は私の手首をつかんで引きとめました。

「ん、なんだね？　まだ何か話があるのかね？」

「あの……ただで貸してくれとは……言いません」

「……は？」

「私にできることがありましたら、なんでもします」

「なんでもって……!?」

眉をひそめた直後、驚いたことに、彼女は股間に手のひらを押し当ててきたんです。

まさか、とは思いました。

彼女との年齢差は三十と、親子ほど離れており、しかも私は若いときから異性にモテるタイプではなく、どちらかといえば敬遠されるほうだったんです。

見合いで知り合った妻は、魅力溢れるタイプの女性とはとはいえません。

もちろん、こんな美しい女性と肌を合わせた経験は一度もありませんでした。

信じられないといった表情でまじまじと見つめる中、彼女はよほど恥ずかしいのか、うつむいたまま顔を上げようとしませんでした。

桜色に染まった頰、ふっくらした唇、そして前方にドンと突き出たバスト。愛くるしい顔立ちと熟れた肉体に、私の男が久しぶりに奮い立ちました。

古稀《こき》間近にもかかわらず、若いときの性欲がよみがえり、スラックスの下の男の分身がぐんぐんと膨張しました。

あのとき、部下が所内にいたら、少しは冷静になれたかもしれません。幸か不幸か、二人の部下は外出しており、夕方まで帰ってこない予定で、理性が完全に吹き飛んでしまったんです。

脂の乗ったこの豊満ボディを、自分の好きなようにできる。そう考えただけで口の中に唾が溜まり、よこしまな欲望が体の内からほとばしりました。

「き、君……自分が何を言ってるのか……わかってるのかね？」

「……はい」

「まさか、私をからかってるわけじゃないよね？」

「そんなこと……しません」

「ホントにそのつもりがあるなら考えないではないが、ほんとうにいいのかね!?」

おそらく、あのときの私は宝物を前にした子どものように顔を輝かせていたのではないかと思います。

彼女がコクリとうなずいたところで、どす黒い情欲が大爆発を起こし、私は強く彼女の手首をつかんで応接室に突き進みました。

「……あ」

彼女からすれば、所内で行為に及ぶとは考えていなかったのだと思います。

冷静になれば、確かに無謀以外の何ものでもなかったのですが、これがモテない男の余裕のなさなのでしょうか。

この機を逃したら次はないという強迫観念に迫られ、まるで若造のように浮き足立ってしまったんです。

応接室に連れ込むと、彼女は困惑げに拒絶しました。

「そんな、こんな場所で……」

「部下たちが帰ってくるには時間があるし、来客だってないんだ。いいじゃないか！それとも、さっき言ったことは嘘なのかね？」

「嘘じゃないですけど……いくらなんでも……あっ、やっ！」

強引に抱き寄せ、キスしようとした瞬間、彼女はいやそうに顔をそむけました。

子どものときから、似たような異性の表情を何度見てきたことか。

彼女も本音は、私のような男に抱かれたくはなかったのでしょう。お金のために仕方なく身を捧げるわけで、実際は鳥肌を立たせていたのかもしれません。

それがわかっていても、これまでの女性への鬱憤《うっぷん》が一気に噴き出し、もはや欲望が収まる気配は微塵《みじん》もありませんでした。

「いやならいいんだよ、こちらも特別扱いはしないだけだ」

切り札を突きつけると、ようやく観念したのか、肩を落として脱力しました。

私は間髪を入れずにプリッとした唇に吸いつき、心ゆくまでベロベロと舐め回したんです。

「ンっ、ンっ」

彼女は目を堅く閉じ、眉間にしわを寄せ、ムードのかけらもないキスをいやいや受け入れているように見えました。

私は閉ざされた口を無理やりこじ開け、ツルツルした歯と引き締まった歯肉、口内粘膜をなぞり上げたあと、柔らかい舌を激しく吸い立てました。

甘い果実の匂いと清らかな唾液の味は、いまだに忘れられません。

私は背中から腰、張りつめたヒップをなですすり、至高のディープキスに酔いしれました。

「ンふっ！」

スカートをたくし上げ、ショーツ越しのヒップをこれでもかともみしだき、すっかり硬直した股間を彼女の下腹に押しつけました。

そしてそのままソファに押し倒し、今度は首筋を舐め回しては甘い体臭を犬のようにかぎまくったんです。

「あ、やっ」

そのままレース地のショーツを引きおろすと、彼女は腰をよじって抵抗しました。

「だめ、だめです」

「君だって承諾したじゃないか！　いいだろ？　手当は弾むから！」

現金なもので、お金の話をすると、彼女は体の動きを止め、目をそっと閉じました。

私はすかさずネクタイをはずし、息を荒げながらショーツをまくりおろしていったんです。その間、彼女は顔を両手でおおい、そんな恥じらう仕草が牡の情欲をことさら煽《あお》りました。

むちむちした太ももとくっきりしたY字ラインが目をスパークさせ、股間の逸物が派手にいきり勃ちました。

足首からショーツを抜き取るや、逸《はや》る気持ちを抑えつつ両足を広げると、羞恥心が捨てきれないのか、彼女は足に力を込めました。

彼女の見せる弱々しい抵抗がさらに昂奮度を高め、目を血走らせて強引に割り開けば、心臓が高らかな鼓動を打ちました。

「お、おおっ」

「やぁぁっ」

厚みを増した肉びら、ツンと突き出たクリトリス、狭間でうねる紅色の内粘膜に続き、ねっとりした愛液のきらめきが目を射抜いた瞬間、昂奮のボルテージはとうとう頂点に達しました。

私は花園に群がるミツバチのように、とろとろの蜜液を垂らす女芯にむさぼりついたんです。

「ひっ、ンっ！」

彼女が奇妙なうめき声をあげる中、私はムンムンとした甘ずっぱい匂いを胸いっぱいに吸い込み、舌を跳ね躍らせました。

シャワーを浴びていないのですから、匂いが強烈なのは当然のことで、あれほどクンニリングスに熱中したのは初めての経験だったと思います。

「あっ、やっ、ンっ、ふぅン」

ひたすら舐め回していると、やがて彼女の腰がくねりはじめ、ねばり気の強い分泌液が口の中に広がりました。

私にとっては若さを取り戻すエキスのようなもので、一心不乱に喉の奥へと流し込みました。

「はっ、はっ、ンっ、はあぁっ」

甘ったるい声に誘われ、上目づかいに様子をうかがうと、彼女は顔から手を離して ソファの縁をつかみ、顔は首筋まで真っ赤に染まっていました。

豊満なバストが大きく波打ち、昂奮しているのは明らかで、あまりの悦びに身が打ち震えました。

遥か年下の美女が、自分の拙《つたな》い口戯で悶絶しているんです。私は舌の動きを速めると同時にワイシャツを脱ぎ捨て、ズボンをトランクスごと引きおろしました。

ビンとそり勃つペニスの昂《たかぶ》りは久々のことで、私は彼女のあそこを飽きることなく舐めつづけました。

もともと色白のせいか、小陰唇は色素沈着やしわがなく、艶々しているんです。

鼠蹊部の皮膚はとても薄く、逆に内腿の柔肉はババロアのようにふるふるし、中心部から匂い立つふしだらな匂いに脳の芯がビリビリ震えました。

人妻らしく、クリトリスはやや大きめで、舌で促《うなが》したとたんに包皮を押し上げて顔をのぞかせました。

もちろん性感も発達していたのでしょうが、はしたない姿を見せたくないという女のプライドが、私の征服願望をますます高めたんです。

本音を言えば、すぐにでも結合したかったのですが、あのときはなんとしてでも口だけでイカせたいという気持ちが勝っていました。

ルビー色の肉粒をてろてろと優しく舐め上げたあと、私は陰唇ごと口の中に招き入れ、猛烈な勢いでチューチュー吸い立てました。

そして舌と上顎で挟み込み、くにくにとこね回してやったんです。

「く、ひっ」

大きな快感に見舞われたのか、彼女は身をひくつかせ、豊満なヒップを派手に揺すりました。

信じられないといった表情で股間を見おろした美熟女の表情は、いまだに忘れることができません。

うつろな目、すっかり赤らんだ頬、ハの字に下がった細眉と、あだっぽい顔つきに睾丸の中の精液が荒れ狂いました。

「あ、だめ、だめ……あ、くっ」

目を閉じた彼女は身を硬直させたあと、腰をガクガクわななかせました。

うっとりした表情で脱力する姿を目にした限り、まちがいなくエクスタシーに達したのだと思います。

身を起こせば、ペニスは赤黒く鬱血し、鈴口から先走りの液がツッッと滴り落ちました。

熟女の花園もすっかり溶け崩れ、たっぷりの愛液をまとった内粘膜が、かすかにうねっていました。

私の目からは、逞しい逸物で早く貫いてほしいと、おねだりしているように見えたんです。

本能の赴《おもむ》くままひとつになろうとしたものの、このまま性交するだけではもったいないという思いがわき起こりました。

彼女との二度目がある保証はないですし、最悪の場合は退所する可能性もあります。

こうなったらとことん快楽をむさぼりたいと考えた私は、腰を浮かし、いきり勃ったペニスを彼女の口元に近づけました。

フェラチオは男のロマンであり、美しい女性に穢《けが》らわしいチ○ポをたっぷりしゃぶってもらえる光景を想像しただけで、心臓が早鐘を打ちました。

「わ、私のも……気持ちよくさせてくれ」

彼女は目をうっすら開け、ふるふると震えるペニスをボーッと見つめました。

細長い指を肉幹に絡めてきたときは、どれだけうれしかったか。

美熟女はペニスを軽くしごいたあと、上品な唇をかすかに開き、ゆっくり咥えこんでいきました。

「……あぁ」

豊満な肉体の女性って、口の中も肉厚なんですね。

温かいとろとろの粘膜がペニスをしっぽり包み込み、肛門括約筋が待ちきれないかのようにひくつきました。

顔のスライドが始まると、唇の柔らかい箇所が胴体の表面をこすり立て、快感の高波が次々に襲いかかりました。

しかも彼女は首を螺旋《らせん》状に振り、頬をすぼめて吸い立ててきたんです。

「ぬ、おおっ」

私は歓喜の声をあげながらブラウスのボタンをはずし、今度は美熟女のおっぱいを目に焼きつけようとしました。

前合わせを開くと柑橘《かんきつ》系の匂いが鼻先まで立ちのぼり、迫力ある乳丘がさらけ出されました。

幸いにもブラジャーはフロントホックで、難なくはずすことができ、マスクメロンのような乳房がふるんと弾み揺らぎました。

ピンク色の乳暈《にゅううん》と乳首の、なんと愛らしかったことか。

軽くふれただけで、乳房は楕円に形を変え、手のひらからはみ出すほどの弾力感でした。

乳丘を練るようにしてもみ込み、指先で頂上のとがりをこね回したとたん、彼女は鼻からくぐもった吐息をこぼしました。

「は、ふぅン」

「横向きになってくれんかね」

小声で懇願すると、彼女は体を横向きにし、私はその間にブラウスを脱がせ、ブラジャーを取りはずしました。

上半身を裸にさせてからはフェラチオも熱を帯びはじめ、顔のスライドがみるみる速度を上げていきました。

くちゅくちゅ、ちゅぷ、じゅるじゅるるっ！

「む、むむっ」

あんな激しいフェラチオは、いままで体験したことがありません。

美熟女の性感にも火がついたのは疑いようのない事実でしたが、さらに彼女は大股を広げ、自ら秘芯を指でいじり回していたんです。

うれしいやら驚くやら、とにかく目を丸くしたところで彼女は上体を起こし、私は入れ替わりざまソファにあおむけに寝そべりました。

「ンっ！　ンっ！　ンっ！」

「お、おぉぉっ」

彼女は正座の状態からペニスを喉の奥まで咥え込み、大量の唾液にまみれた肉のかたまりは照明の光を反射して妖しく輝きました。

「ぬっ、くっ、あっ」

じゅっぽじゅっぽと激しいフェラが繰り返される中、私はとうとう我慢の限界を迎えてしまいました。

いくら昂奮状態とはいえ、この歳でインターバルを空けずの二回戦はとても自信がありません。

「ちょっ……」

あわてて制そうとした瞬間、彼女はペニスを口から抜き取り、髪をかき上げながら身を起こしました。

熱い眼差し、めくれ上がった唇、絶え間なく放たれる湿った吐息と、色っぽい表情は勤務しているときの彼女とはまるで別人でした。

そのままスカートを脱ぎ捨て、あろうことか男女二人が所内で真っ裸になってしまったんです。

「もう……我慢できません」

彼女は艶っぽい声で言い放つと、私の腰を跨り、ペニスの先端を秘めやかな箇所にあてがいました。

そして肉厚の腰を沈め、猛々しい男の分身を女壺の中に埋めこんでいったんです。

「あ、あ、あ……」

「おぉぉっ」

ぬくぬくした媚肉の締めつけに、私は裏返った声を発しました。

まさにチ○ポがとろけるような感覚で、濡れた膣壁が生き物のようにうねり、ペニス全体をやんわり包み込みました。

あまりの気持ちよさに、すぐにも射精しそうになりましたが、もちろんそんな無様な姿は見せられません。

必死の形相で歯を食いしばり、射精の先送りを試みたものの、ヒップが派手にくねり、チ○ポをもみくちゃにしたんです。

「あっ、あぁ！」

驚きの声をあげたと同時に、彼女は身をバウンドさせ、迫力あるピストンでペニスを蹂躙《じゅうりん》してきました。

あまりの激しさに、腰骨が折れるのではないかと思ったほどです。

バチンバチーンとヒップが太ももを打つ音が高らかに鳴り響き、とろとろの膣肉がペニスをこれでもかと引き転がしました。

「あ、ちょっ……く、くうっ」

情けない話ですが、あのときは腰をつかえず、私は彼女の為《な》すがままでした。

「ああ、いいっ、いいわぁ」

美熟女は乳房を上下左右に揺らし、ストローク幅の長いスライドを繰り返し、ときおりヒップをぐるんと回転させては快感を得ているようでした。

「ああ、そんなに激しくしたら……」

「いいわ、イッて、中に出してください！」

さらに腰の回転率が増し、私はもはや青息吐息。こうして私は、熟れざかりの人妻に精を搾り取られ、ものの見事に撃沈してしまったのです。

結局、彼女との情交は一度きりでは終わらず、特別手当というかたちで毎月お金を渡しています。

事務所での交わりは刺激的ではあるものの、やはりリスクが高いため、二回目以降は少し離れたラブホテルやレンタルルームを利用しています。

この歳になって二度目の青春を取り戻し、毎日の生活に張りが出たまではよかったのですが、さすがに最近は女房に怪しまれるようになりました。

それでも彼女との甘いひとときを手放せず、背徳的な関係をいまだに続けている私です。

〈第二章〉

久しぶりの肉交に歓喜する熟年男女

社交ダンス教室で知り合った美熟女とお互いの欲望をぶつけ合う淫らな舞踏

村田直樹　無職　六十六歳

私は十年前に妻と死別しており、息子は転勤で家族といっしょに遠くに住んでいるので、もう何年も一人暮らしをしていました。

仕事をしていたころは別に問題はなかったのですが、昨年定年退職してからは、毎日誰とも会わない生活で、これでは一気に惚《ぼ》けてしまうと不安になってしまい、そのため、何か習い事をしたいと思うようになっていたのです。

そんなある日、近所のスーパーの掲示板で、社交ダンス教室の「生徒募集」という張り紙を見かけました。

昔、社交ダンスを題材にした映画を見たことがあり、そのときに興味を持って習いたいなと思ったものの、当時は仕事が忙しくて断念したことを思い出しました。

だけど、いまなら時間は腐るほどあります。それに社交ダンスなら体力維持にも役立つだろうし、いまの自分には最適だと思ったんです。

さっそく入会の問い合わせをして、翌日には教室に向かいました。

最初は姿勢や基本的なステップを習うのですが、それがなかなかうまくできないのです。もともと運動神経には自信があったのですが、それは学生時代の話。ここ数十年はゴルフ程度しか運動をしてこなかったので、ダンスの動きはなかなか難しいのでした。

初心者のため、先生がほぼつきっきりで教えてくれるのですが、あまりにも呑み込みが悪すぎて、だんだんあきれられているような気がしてきました。

それでもがんばって三回通いましたが、体は相変わらず思うように動いてくれません。横では私よりも年上の男性が、女性をエスコートして颯爽《さっそう》と踊っているんです。

それを横目で見ながら、私は自分が情けなくなってしまうのでした。

もう辞めようかな……やっぱり社交ダンスは自分には向いてなかったんだと思って更衣室へ行こうとしたときに、後ろから声をかけられました。

「よかったら、お教えしましょうか？」

そちらを見ると、赤いスポーツウェアを着た四十代半ばぐらいの女性が微笑みを浮かべていました。

私は一瞬、惚《ほう》けたように彼女の顔を見つめていました。目鼻立ちがはっきりした、すごい美人なんです。こんな女性がこの社交ダンス教室にいることに、それまで気づかなかったことが信じられない思いでした。

あとで知ったのですが、その女性は中森和美《なかもりかずみ》さん、四十五歳。バツイチで中学生になる娘さんと二人暮らし。仕事はデパ地下の総菜売り場で働いているとのことでした。

和美さんは親戚の結婚式などがあって実家に帰ったりしていて、しばらく社交ダンスの練習を休んでいたために、私と顔を合わせることがなかったのです。

もちろん和美さんは一会員で、先生ではありません。でも、かなりキャリアがあるので、新しい人が入会すると指導役を買って出たりしているそうなんです。

「ぼくは……」

もう辞めようと思っていたところなんですと言おうとしましたが、すんでのところで思いとどまりました。このまま辞めたら和美さんと親しくなれる機会をみすみす棒に振ることになってしまうのですから。

「ぜひ、教えてください！」

気がつくと私は、大声で和美さんにそう言っていました。私の迫力に、和美さんは少し驚いたように目を見開き、すぐに満面の笑みでこたえました。

「いいわ。そのやる気が社交ダンスを上達させるのよ。じゃあ、いっしょにがんばりましょう」

そのあと、和美さんは文字どおり、手取り足取り、私にダンスを教えてくれました。しかも、基本的なステップだけではなく、いきなり私とパートナーになって踊ってみせてくれたんです。

「どう？　なかなか楽しいでしょ？　上達するには、まずは社交ダンスの楽しさを知るのが大事だと思うの。テクニックはそのあと身につければいいんだから」

確かにそのとおりです。和美さんと踊る社交ダンスは最高に楽しいのです。なにしろ和美さんと体を密着させるんですから。

和美さんの乳房が私の胸に押しつけられ、二人の頬がふれ合うほど近くにあり、彼女の吐息が頬にふれたりするんです。それはいままでの人生で経験したことがないぐらい素敵な体験でした。

「村田さんは、なかなか筋がいいわ。またいっしょになったら私が教えてあげるから、これからもがんばってね」

稽古時間を終えると、和美さんは汗をぬぐいながら言うんです。もちろん私は元気いっぱいに答えました。

「はい。よろしくお願いします！」

その夜はマンションで一人で晩酌しながらも、ビールがむちゃくちゃおいしく感じられました。

そして次の日の朝、私は久しぶりに朝勃ちしてしまいました。若いころのように、体に活力がみなぎっているんです。

それはもちろん、社交ダンスの稽古で和美さんと抱き合ったからです。彼女の体からただよい出るフェロモンが、私を若返らせてくれたようでした。

それからも、和美さんにダンスを教えてもらう日々が続きました。和美さんはほぼ毎日稽古に参加しているらしく、夕方以降に行くと必ずいるんです。

「あ、村田《むらた》さん、来たのね。じゃあ、今日もがんばりましょう」

私を見つけると和美さんはすぐに寄ってきて、そう声をかけてくれるんです。まるで私の専属のような感じでした。

どうしてそんなに親切にしてくれるのかと不思議に思いながらも、和美さんと過ごす時間は楽しくて、私は足繁く社交ダンスの稽古に通いつづけました。

そのうち、だんだんと私のダンスも上達してきました。それは全然上達しなかったら和美さんに見捨てられてしまうかもしれないと思って、家に帰ってからもビデオを見ながら一人で練習した成果です。

そしてその日も、和美さんとマンツーマンでダンスのレッスンをしていると、私の体に変化が現れました。つまり、股間が硬くなってきたんです。

そのときは音楽に合わせて和美さんと踊っていたのですが、彼女のオッパイがむにゅむにゅと断続的に押しつけられていたんです。しかも、和美さんは少し襟ぐりが開き気味のTシャツを着ていたものだから、乳房がむにゅっと押しつぶされるたびに、胸の谷間が深く刻まれてしまうんです。

それを間近で見てしまったものだから、私の体が反応してしまったのでした。

この歳になると、そうそう簡単に勃起することはないのですが、朝勃ちといい、和美さんと社交ダンスを踊ることによって、私の体が一気に若返ったようでした。特に下腹部が……。

それでもなんとかごまかしながらダンスを踊っていたのですが、和美さんは私の動きがおかしいことに気がついたようで、怪訝《けげん》そうな顔をしているんです。

何か変だなと思いながらも、原因はわからないといった様子でした。だけど、ダンスの振りつけで和美さんがターンして、そのまま倒れ込みそうになるのを私が抱きかかえるというのがあったのですが、そのときに私の股間が彼女の体に強く押しつけられたんです。

「えっ……」

驚きの声を洩らし、和美さんは顔を真っ赤にしました。私の股間が硬くなっていることに気がついたようです。

その直後、音楽が終わると、和美さんは無言のまま更衣室のほうに消えていってしまいました。結局、和美さんが戻ってくることはなかったので、その日は仕方なく私も帰ることにしました。

社交ダンスというのは男女が密着して踊るため、性的な下心のある人はよけいに軽《けい》蔑《べつ》される傾向にあるんです。不純な気持ちを持ちながら踊るなんて、社交ダンスへの冒瀆《ぼうとく》だというわけです。

だとしたら、私は社交ダンスを続ける資格のないエロ爺《じじい》だとはっきりしたわけです。もう、和美さんに合わせる顔はない……。

そんなことを思ってしょんぼりしながら家の方向に歩きはじめると、目の前に和美さんが立っているんです。合わせる顔がないと思いながら、すぐに顔を合わせてしまったわけです。

バツが悪い気持ちになりながら軽く会釈をすると、和美さんはいつもの優しい笑みを浮かべながら私に言うんです。

「たまには、村田さんに晩ご飯を作ってあげようかと思って、ここで待ってたの」

「え？　ぼくに晩ご飯を……？」

「そうよ。村田さん、一人暮らしだって言ってたでしょ。家庭料理に飢えてるんじゃないかと思って」

もちろん、私に断る理由はありません。軽蔑されたかもと心配していたのが単なる取り越し苦労だとわかり、私の気持ちは一気に晴れました。

そのあと、二人でスーパーに寄って買い物をしてからマンションへ帰りました。そして和美さんが料理をするのを私が手伝い、二人で食事をしたんです。

こんな楽しい時間は久しぶりです。食事のときにお酒を飲んだこともあり、テンションが上がった私は和美さんに言ってみました。

「一曲、踊っていただけませんか？」

「はい、よろこんで」

和美さんは即答してくれました。

いつも練習に使っていた音楽をかけて、リビングで私たちは踊りはじめました。毎回、和美さんに個人レッスンを受けていたために、私の踊りもかなりさまになっていたと思います。

だけど、二人っきりの空間で体を密着させていると、また股間がムズムズしてきました。そんな私に気づかないのか、和美さんはときどき、「じょうずよ」とか「あん、乱暴ね」とか、私の耳元でささやくんです。吐息が耳の穴をくすぐり、ムラムラがどんどんひどくなり、私のペニスはズボンの中でカチカチになっていました。

こんな状況で勃起していることがバレたら、今度こそ軽蔑されてしまうと心配していると、和美さんが私の股間にそっとふれたんです。怒られるかと思ったら、和美さんの反応は意外なものでした。

「すごい……村田さん、お若いのね。こんなに元気になっちゃうなんて」

「そ……それは和美さんが相手だからですよ。ほかの人が相手だったら絶対にこんなに硬くなりません。きっとフニャフニャなままですよ」

弁解しなくてはという思いが先走って、なにを言ってるのか自分でもよくわからなくなっていました。だけど和美さん的には、それは悪くない答えだったようです。

和美さんは恥ずかしそうに顔をしかめて、愛おしそうに私の股間をなで回すんです。

「そうなんだぁ、私だから硬くなるのね。ふーん、そうなんだぁ……」

和美さんはかなり酔っているようでしたが、私も同じぐらい飲んでいたので、酔った勢いで言ってしまいました。

「本当のことを言うと、和美さんに一目惚れだったんです。あのとき、もう社交ダンスは辞めようと思ってたんですけど、和美さんが教えてくれるっていうから、親しくなりたい一心でダンスを続けたんです」

「そうだったのね……うれしいわ。だから、私と踊ると興奮しちゃうのね」

「う……うん、そうなんです。和美さんと体を寄せ合っていると、十代に戻ったみたいに元気になってしまうんです」

「うれしいわ」

和美さんはぽつりと言いました。

「いま、なんて？」

「私も最初にスタジオで村田さんを見かけたとき、ちょっといいなと思ったの。だから声をかけたの。でもそのときはただ、いいなと思っただけ。そのあと一所懸命練習している姿を見ているうちに、だんだん好きになってきちゃったの。だから、村田さんが私に興奮してくれているのを知ってうれしい。そう言ったのよ」

まるで夢のような展開です。もしもこれが夢だったら、目が覚める前にもっと先に進みたい。そんな思いから、私は和美さんをきつく抱き締めました。

「和美さん、好きです」

「私も好きよ」

私たちはどちらからともなく唇を重ね、そのまま舌を絡め合わせました。ピチャピチャと唾液を鳴らして激しいキスをしながら、私は和美さんの体に手を這わせました。引き締まったヒップをなで回し、乱暴にもみしだくと、和美さんが鼻にかかった甘ったるい声で言うんです。

「だめ……私、お尻が大きいのがコンプレックスなの」

「これぐらいの大きさが、いちばんいいんですよ。ああ、さわり心地も最高です」

私が両手でなで回していると、和美さんはくすぐったそうに笑い、体を離しました。しまった。しつこくさわりすぎて怒らせてしまったと思ったのですが、そんな心配は必要ありませんでした。

和美さんはいたずらっ子のような表情を浮かべながらその場に膝をつき、私の腰のベルトをはずしはじめるんです。

「ねえ、どうなってるか見てもいいよね？　だって、私で興奮して大きくなってるんだものね」

「う……うん、いいですけど……」

チャックをおろして和美さんが手を離すと、ズボンは足下にストンと落ちました。

すると同時に、和美さんが切なげな吐息を洩らしたんです。

「はあぁ……」

私のペニスは、白いブリーフを突き破らんばかりに勃起しているんです。伸びきったブリーフに、ペニスの形がはっきりと浮き出ているほどです。

「これも脱がしちゃうわね」

和美さんはブリーフのウエスト部分に手をかけて、ゆっくりと引っぱりおろしました。そのときペニスの先端が引っかかったのですが、女性だからそういうことがわからないのか、そのまま無理やり引っぱりおろされると、勢いよくペニスが飛び出しました。

「す……すごい……ほんとに六十代なの？」

まっすぐに天井を向いてピクピクと細かく震えているペニスを見て、和美さんがあきれたように言いました。自分でも驚いてしまいます。

若いころでも、こんなになることはそうありませんでした。だけどそれは運動不足と仕事のストレスで体が不健康だったからで、いまは十分な休息と適度な運動、そして和美さんという美しい女性を目の前にしているのですから、これぐらい元気でもなんの不思議もないのです。

「和美さん、見てるだけですか？」

私が催促するように言うと、ようやく和美さんはペニスを右手でつかみ、上下にしごきはじめました。

「私ね、夫と離婚して五年ぐらいたつんだけど、もう男はこりごり、セックスだってもうしなくていいって思ってたの。だけど、村田さんのオチ○チンを見てると、すっごく興奮しちゃう。ああ、この形……すごくエッチだわ」

和美さんは愛おしそうにペニスを見つめながら、右手を動かしつづけます。和美さんの手はなめらかで、少しひんやりしていて、自分でさわるのとは全然違います。それに唇を半開きにしてペニスを見つめている和美さんの姿がエロくて、猛烈に興奮してしまうんです。

「そ……それ……気持ちいいです」

「はぁぁ……すごいわ。まだ大きくなるのね。あっ、先っぽから何か出てる」

気持ちよすぎて、我慢汁がにじみ出ていました。和美さんは顔を近づけて長く舌を伸ばし、それをぺろりと舐めるんです。その瞬間、ペニスがビクンと脈動しました。

「ううっ……」

「味はしないのね。でも、舐められると気持ちいいみたいね。オチ○チンがピクピクしてるもの。じゃあ、もっと舐めてあげる」

そう言うと、和美さんはまるでアイスキャンディでも舐めるように、亀頭をペロペロと舐めはじめました。しかもその間、上目づかいで私の顔を見つめたままなんです。とても卑猥すぎるフェラチオです。私のペニスは破裂しそうなほど大きく勃起していくのでした。

和美さんのフェラはさらに続きます。大きく口を開けて、亀頭を口に含んだんです。和美さんの小さな口が、私のペニスで完全にふさがれてしまいました。

「うっ、ぐぐ……は、ぐぐぐ……」

苦しそうにしながらも、和美さんは首を前後に動かして、口の中の粘膜で私のペニスをヌルヌルと締めつけてくれるんです。ダンスの稽古場でいつも見ていた和美さんが、私のペニスを咥えている……それは想像を超えたエロティックな眺めです。

「ああっ……気持ちよすぎます」

体をよじりながら言うと、そんな私の反応に気をよくしたのか、和美さんのフェラチオはますます激しくなっていきました。ポタポタとよだれを滴らせながらしゃぶり、さらには右手で陰嚢をもてあそびはじめるんです。

「うっ……だ、ダメです、和美さん。ううう……」

その快感が強烈すぎて、私はとっさに腰を引いてしまいました。こんなに元気だとはいえ、私ももう六十六歳です。そうそう何回もできるとは思えません。それなら、この一回を大切にしないといけないと思ったんです。

「ベッドへ……ベッドへ行きましょう」

そこで、和美さんのあそこに入れさせてくださいというつもりで言ったのですが、彼女はあっさりと拒否するんです。

「いや……ベッドへは行かないわ」

やっぱりこんなジジイとセックスするのはいやなのか……と落ち込みかけた私に、和美さんは意外な提案をしました。

「私ね、いますっごく酔っ払ってるの。だからバカなことを言うけど、ここでダンスしながらエッチしましょうよ」

「どういう意味ですか？　ダンスをしながらって」

意味を理解できなくてとまどっていると、和美さんはズボンとパンティを自ら脱ぎ捨てて、私に抱きついてきました。そして、ペニスをつかんでその先端を自分の股間へと導くんです。

「こうするのよ」

そう言った瞬間、亀頭が和美さんのオマ○コの中へすべり込んでしまいました。

「あぁぁぁん、すごいわ。村田さんのオチ○チンをしゃぶりながら興奮してたから、もうヌルヌルになってたの。簡単に入っちゃって恥ずかしいぃ……はあぁ……」

和美さんは、正面から私に抱きついたまま腰をくねらせます。すると和美さんのオマ○コが、私のペニスをヌルヌルと締めつけるんです。

「ああ、すごい……気持ちいいです……」

「でね、このまま踊るの」

そう言うと和美さんは音楽に合わせながら、いつも練習しているダンスを踊りはじめました。

「ううう……これ、すごく気持ちいいです。あっ、うう……」

私は必死に和美さんの動きについていこうとがんばりました。二人の性器がつながり合ったまま社交ダンスを踊っているんです。こんな卑猥すぎるシチュエーションは想像したこともありませんでした。でも、それを和美さんは想像していたというわけです。

「一度これをやってみたかったの」

「な……なんてエッチなんですか！　うう……いやらしすぎますよ。こんなことを考えながら、ダンスの稽古をしてたんですか？」

「あああん。そうなの。ごめんなさいね。だけど、村田さんも楽しいんじゃない？」

「そ……そうですね。楽しくて……気持ちよくて……ううっ……たまらないです」

挿入したまますする社交ダンスは、ずっと腰を密着していなければいけないので、ふだんのようには動けません。それでもいっしょにステップを踏んだりすると、オマ○コがペニスをきつく締めつけてきたりして、すごく気持ちいいんです。

私が気持ちいいのと同じかそれ以上、和美さんも気持ちいいようです。徐々に動きがおかしくなり、呼吸もどんどん荒くなっていくんです。

「あああっ……気持ちいい……はあああんっ……だ……ダメ……もうダメぇ！」

ビクンと体をふるわせると、和美さんは体の芯を抜かれたようにその場にしゃがみ込んでしまいました。

抜け出た私のペニスは、和美さんの愛液にまみれてヌラヌラ光っています。太い血管が浮き上がり、いまにも爆発しそうです。

「和美さんの口の中に出してもいいですか？」

「はあああ……いいわ。いっぱい出してぇ」

そう言うと、和美さんはしゃがみ込んだまま、ペニスを口に含みました。そして、さっきよりもさらに激しいフェラをするんです。

ハメながらの社交ダンスで、私のペニスはすでに限界です。仁王立ちしたまま、私は両拳を握りしめました。

「あああっ、出る……ううう！　はっううう！」

ペニスが石のように硬くなり、次の瞬間、熱い精液が尿道を駆け抜けます。

「はっ、うぐぐ……」

眉間にしわを寄せ、苦しげにうめく和美さんの喉奥目がけ、私は大量の精液を放ったのでした。


いまでは私と和美さんは、ダンスのパートナーとして大会を目指してがんばっています。もちろん、二人っきりでする裸の社交ダンスも、たまに楽しんでいるんです。

仕事現場を退いた寂しい熟年男性……入院先の四十路看護師と禁断の院内姦

栗原真之介　会社役員　六十八歳

三年前、六十五歳になったのを機に、一代で築いた運送会社の社長職を長男に譲って、会長という肩書になりました。

会長といえば聞こえはいいのですが、もうリタイアしたも同然です。いちおう、平日は会社に顔を出していたのですが、テキパキと働いている社員からは、むしろ煙たがられているような空気を感じていました。

仕事といっても、たまに経理の事務員からアドバイスや確認を求められるくらいで、現場に口を出すなど許されない雰囲気がありました。あとは『営業』と称して、取引先や同業者で自分と似たような立場の人間と酒を飲みにいき、世間話をするくらいなものです。考えようによっては、世代交代がうまくいったのだと私は自分に言い聞かせるしかありませんでしたが、それでも寂しさは否めません。

仕事がそんな調子になると、個人としても自信を失います。特に男としては用済みになった気がしました。考えてみれば、これまで仕事のことだけ考えて生きてきたのですから、その反動がきたのでしょう。自分でも、まるで一気に老け込んだ気分になってしまいました。とにかく、やたらと疲れやすくなり、人と会うのも億劫《おっくう》になってきたのです。周囲もそんな私の変化に気がついたのでしょう、家族や友人から「最近、急に元気がなくなったみたいだ」と言われてしまう始末でした。

いま思うと、それがかえってよかったのかもしれません。

その原因は単に年齢的なものか、現場の仕事から離れたという環境の変化による精神的なものだと思い込んでいました。けれど、妻からうるさく人間ドックに行くように言われ、仕事のほうも暇を持て余していたのでその気になりました。

そして病院で検査を受けた結果、なんと胆嚢《たんのう》に病気が見つかったのです。それも、緊急に手術を要するものでした。

若いころから健康が取り柄で、かぜひとつひいた記憶のない私が大きなショックを受けたのは、言うまでもありません。それでも、私と同年代の担当医が「時間もかからないごく簡単な手術で、心配することはまったくありませんよ」と笑い飛ばしてくれたおかげで、ずいぶんと気が楽になりました。

一方で、同席していた妻や息子は「それじゃあ、先生にお任せして、私たちはつき添わなくても大丈夫ですよね」などと言っていたのは、さすがにムッとしましたが。

とにかく、その翌日には手術をするということになりました。

そのまま、病室に連れていかれたのですが、そこは清潔感のあるビジネスホテルを思わせる個室だったので、少し驚きました。

「もったいないなぁ、こんなぜいたくな個室でなくてもよかったのに」

思わずそんなことを口にした私は、まだ少し経営者の気分が残っていたのかもしれません。

「病室に空きがあったし、俺は仕事が忙しくてもう来られないから、このくらいのことはしないとね」

「そうよ、あなた。それなりの会社の会長なんだから、こんなことでケチケチしないほうがいいんじゃないかしら。どうせ保険金も下りるんだし」

息子と妻が口を揃えて言いました。聞けば、この個室を一週間ほど取ってくれたそうです。

「年齢的なこともあるから、術後を考えるとそのくらい入院してたほうがいいと思ったんだ。休暇のつもりでのんびりしなよ」

そうつけ加えた現社長の息子からは、頼もしさが伝わりました。それに、やっぱり自分の体を気づかってくれているのだという、ありがたさも感じたのです。

そのとき、このところの気弱と手術を要する病気という現実を突きつけられた私は、大げさにいえば『自分の時代は終わったんだな』とあらためて思い、素直に従うことにしたのでした。

そんなこんなで、生まれて初めての手術でしたが、全身麻酔から目覚めると病室のベッドで寝ていて、私の一物には医療用のカテーテルが挿さっていました。まだ麻酔が残っていたせいか、少しぼんやりとした気分でいながら、その部分に違和感を覚えた記憶が残っています。

「目が覚めましたか？　栗原《くりはら》さん」

近くにいた看護師さんが、私の顔をのぞき込みました。

年齢は四十代半ばといったところでしょうか、いかにも看護師らしい薄化粧で髪を肩の長さで切り揃え、小麦色に焼けた一見ボーイッシュな女性です。それでも、笑うと片えくぼができて、なんともいえないチャーミングな印象を与えました。

薄いブルーの看護師の制服の、さほど大きくない胸のネームプレートには『吉澤《よしざわ》』

とありました。病室にはほかにも一人、そのほかにも出入りするそれぞれ若い看護師さんがいましたが、吉澤さんは彼女たちにてきぱきと指示を出し、その様子から私の担当グループ三人のリーダー格だとわかります。

若い看護師さんが呼んできた担当医から術後の問診を受けたあと、病室には私と吉澤さんの二人きりになりました。そこで彼女が言うには、妻は私が入院中、家のことから解放されるので、嫁に行った娘のところに行くと言っていたそうです。

そのことに関して不満を口にする私に、吉澤さんは明るく笑って言いました。

「たまには奥様にもお休みをあげなくちゃ。その間、私が栗原さんの担当看護師として代わりにお世話しますから、安心してください」

確かに妻がいても、大して役に立つとは思えません。点滴に鎮静剤でも入れてあったのか、納得した気分になった私は、いつの間にかまた眠りに落ちたのです。

手術の翌日は、やはり起きていても、うつらうつらとしている状態で過ごしました。

その、翌々日のことです。

その日はいくらか頭がスッキリとして、手術のあとも軽い疼痛《とうつう》こそあるものの耐えられないほどでもなく、ただ寝ているだけの状態に退屈さえ感じていました。そんな午前の病室に入ってきた吉澤さんが、私の訴えを聞くなりニッコリとしたのです。

「先生も、回復はきわめて順調だとおっしゃってましたよ。ですから、今日はこれからカテーテルをはずしますね」

ベッドの上の私は、思わずたじろぎました。カテーテルを挿入されたときは麻酔がかっていましたが、今度は意識もはっきりしていますから不安感もあります。しかしそれ以上に、娘のような年齢の女性に性器をふれられることへの恥ずかしさから、私は返事をためらいました。

吉澤さんは、そんな私の心の中を読み取ったかのように、片えくぼを作って言いいました。

「いままで何十回もやっていますから、そんなに意識しないでも大丈夫ですよ」

「いや、でも……」

「じゃあ、いまから抜きますね」

吉澤さんは私の寝間着をはだけると、こちらが体を硬くする間もなく一物をつまみ、すばやくカテーテルを抜きました。素人の私が言うのもなんですが、痛みが最小限で済むように、絶妙のタイミングだったように思えます。彼女の言うとおり、看護師の仕事としてこれまで数多くの男性器を扱ってきたベテランなのでしょう。それを考えると、妙に恥ずかしがったことのほうが申し訳なく思えました。

これ以来、私は吉澤さんに大きな信頼を置くようになりました。

その一方で、妻以外の女性に自分のモノをふれられたのは五～六年ぶりだと思っていたのです。ここ十年以上は、妻ともごぶさたでしたから、最後に女性と交渉を持った相手は風俗嬢でした。そんなとりとめのないことを考えている自分が、ちょっと不思議な気分になったのを覚えています。これも、まだ麻酔が抜けきれていなかったせいかもしれません。

ともかく、後ろめたさはありましたが、久しぶりにあの部分をさわられた指の感触で、吉澤さんを女性として意識してしまいました。そういう目で後ろを向いて腰を屈め作業している彼女を見ると、看護師の制服はなんともエロチックでした。

ご存じかもしれませんが、いまの看護師の制服はパンツルックが主流で、下着が透けないような生地になっています。それでも姿勢によっては彼女の腰回りの張りや、浮き上がっている下着の凹凸がわかることがあります。そんな光景を盗み見ながら、久しぶりのムラムラ感を味わっていたのです。

私の気持ちを知ってか知らずか、吉澤さんは献身的でした。排せつ行為は車椅子を使って自力でトイレに行けましたが、彼女はそれ以外の身の回りの世話を進んで引き受けてくれたのです。たとえば、私の体の汗をふくのもいやな顔ひとつ見せず、濡れティッシュで股間まできれいにふいてくれます。こちらも、一度性器にふれられていますから安心感もあり、何もかも任せられる気持ちで甘えていたのでした。

看護師の職務は別としても、思い過ごしではなくウマが合ったということもあるかもしれません。暇があれば私の病室にやってきてプライベートな雑談を交わし、愚痴《ぐち》を洩らし合う仲になりました。


あれは、手術から五日目の消灯前のことです。

就寝前に寝間着を脱がせて、下着だけになった私の背中を濡れタオルでふきながら、吉澤さんは反抗期の娘のことを愚痴っていました。彼女は高校生の娘と母親の女ばかりで三人暮らし、シングルマザーだと、これまでの会話で聞いています。その間、私は適当に相槌を打っていました。

どういうわけか、ふだんに増してムラムラ感が強かったので、吉澤さんの言葉もあまり頭に入ってきませんでした。実を言うと、彼女が体を近づけたときに鼻をくすぐった消毒薬の中の女の甘い匂いに、あそこが半分硬くなりはじめていたのです。

やがて、吉澤さんの指がトランクスにかかったとき、私はあわてて腰を引きました。

「今日は自分でやるから、そこはいいですよ」

「あら、どうしたんですか？　いつもは私にお任せなのに」

「いや、かなり体調が戻ったみたいで、その、自分でできそうなことはもう自分でやらないと……」

しどろもどろで言いわけする私から、吉澤さんはすべてを察したようでした。構わずトランクスをおろすと、雑談とは違う事務的な口調で言いました。

「恥ずかしがることはありませんよ。清潔にするのはもちろんですが、男性の機能をチェックするのも、看護師の役目だと思っていますから」

吉澤さんは私のものを左手で握ると、濡れたコットンを使ってふだんよりもていねいにぬぐいはじめます。ひんやりと湿った感触に、私は反射的に「うっ！」とうめき声を洩らしてしまいました。

「栗原さん、ほんとうに元気になったみたいですね。だんだんと大きくなってきて、このほうがふきやすくて助かります」

カリの裏側や周りの溝を丹念にぬぐわれ、私のものは完全に硬く大きくなり、彼女の手に余るほどになっています。ここまで元気になったのは、久しぶりでしたが、いまはそれどころではありません。

恥ずかしさに加えて、もしもこれ以上触られたらどうなってしまうのかと想像すると、私の声は上擦りました。

「も、もう、ほんとうに十分だから」

「ええ、もうすぐ終わりますから」

吉澤さんはやっと手を離し、トランクスをずり上げます。私はほっと息を吐いて、体から力を抜きました。

「いや、このまま続けられたら困ったことになるところだったよ」

「それならそれで、かまわなかったんですよ。さっきも言ったとおり、これも看護師としての職務です、なんとも思いませんから。現に若い入院患者さんの中には、出しちゃう人も結構いますしね」

そう言って、吉澤さんは片えくぼを作りました。その笑顔は、看護婦としてのそれではなく、いつもの雑談相手の表情に戻っていました。

その日の消灯後は、寝苦しくてたまりませんでした。

吉澤さんが立ち去ったあとも、股間が大きくなったままなかなか静まりません。目を閉じれば、吉澤さんのうなじや後れ毛が浮かびました。それに、看護師の制服越しのスタイルや、あの独特の匂いと指の感触がなまなましくよみがえります。

この歳になってオナニーというのもなんとなく情けないような気もするし、翌朝、吉澤さんに始末したティッシュを見つかりそうです。まるで、親と狭い家で生活していた学生時代のころのように、私は悶々とした気持ちで寝返りを打ちました。そのとき、小さなノックの音とともに返事を待たず、スライド式のドアが引かれたのです。

「栗原さん、もう寝てました?」

廊下の明かりで逆光になって表情はわかりませんでしたが、声で吉澤さんだとわかりました。私は少し驚くと同時に、オナニーの現場を見られなくてよかったと、ほっとしました。

「夜の巡回ですか?」

「あら、やっぱり起きていたんですね。ちょっと気になってたものですから」

吉澤さんは病室に入ってくると、音を立てないよう後ろ手にドアを閉めました。そのまま彼女は真っ直ぐにベッドへ歩み寄ると、かけ布団をはいでしまいます。

「え? 何を?」

声を出しかけた私の唇に、吉澤さんはそっと指を当ててささやきました。

「声を出さないで」

さらに、彼女は私の寝間着を脱がせにかかったのです。もう、私には何が何やらわかりません。

「体なら、さっきふいたばかりだけど」

「栗原さんって、案外鈍いんですね」

薄暗さの中、そう言って微笑んだ吉澤さんは、私の唇に自分の唇を合わせます。

「！」

これから何が起きるか、私にもやっと察しがつきましたが、まだ混乱の中にいました。そんな私から唇を離した吉澤さんは、一度ベッドの側からドアに向かい、細く開けて廊下の様子をうかがいます。そして、外から簡単に開かないよう、近くにあった椅子をつっかえ棒にしてスライド式のレールに嚙ませました。

「栗原さんと話してたら、何か仕事で弱気になってるみたいなこと言ってたから、前から心配してたんです。だから、心のほうも元気になって退院してほしくて」

「看護婦として、ですか？」

「ううん、今日のシフトはもう終わってあとは帰るだけよ。ここからは、個人的なサービスね」

雑談口調になった吉澤さんは、その場で看護師の制服を脱ぎはじめました。私はその様子を横目で眺めます。やがて彼女は、白い下着だけの姿になりました。

制服の上からある程度は予想していましたが、吉澤さんは着やせするタイプでした。女性にしては背が高いほうだったのであまり目立ちませんでしたが、張り出したヒップとボリュームのある胸に、私の視線は釘づけになります。同時にずっと中途半端な興奮状態にあった私のあの部分が、まるで十代のころを思い出させるような硬さになってきたのがわかりました。

彼女がブラジャーをはずすと、年齢や子どもがいることを思わせない見事な美乳が現れ、私は目を見張りました。病室は明るいとは言えませんでしたが、乳首はとがり、大きめの乳輪の色素が薄いことがわかります。

ショーツ一枚になった吉澤さんは、添い寝する格好で私の隣に横になると、手を伸ばしトランクスをおろしました。

「さっきふいていたとき、思ったんです。栗原さんのって、すごく立派だって。だから、男として自信を取り戻せばいいんじゃないかしら。世の中、仕事だけじゃないでしょ?」

言いながら彼女は、右手で硬くなったものを握って上下させながら、私の乳首に舌先を這わせます。

「うっ!」

吉澤さんの頭を抱え込んだ私は、くすぐったさの混ざった快感にビクンと体をのけぞらせうめきました。それが、私が忘れたセックスを思い出させてくれたのです。まるで、覚え立てだった若いころのように、私は震える指先をそろそろと彼女のショーツに伸ばしました。そのままクロッチの横から指を差し入れると、温かなぬめりが伝わります。

「あっ！」

今度は吉澤さんが体をこわばらせ、私にしがみつきました。

そうやって二人は、互いのあの部分を指先で愛撫し合いました。しばらくそうしていたあと、吉澤さんは自分からショーツを脱ぎ捨てて、私の体の上で頭の位置を移動させました。

自然とシックスナインの体勢になった瞬間、私のものが彼女の口の温かさに包まれ、そこに舌先の動きが加わります。

一方で、私の目の前には吉澤さんのあの部分が広がっていました。

相変わらずの薄暗さで、細かい部分までは観察できません。けれど、例の消毒薬と彼女が使っている控え目なパヒュームの甘い匂い、それに彼女自身が放つ微妙な汗の匂いが混ざり合い、私を興奮させました。

私は彼女の口での愛撫にこたえて、舌先で舐め上げました。ザラリとしたその感触から、吉澤さんの茂みが狭い範囲に密生しているタイプだと想像しながら、舌先を使いつづけます。

ときどき「うっ、うっ」と短い息を吐き、動きが止まるのは、彼女が感じてくれているからだと悟った私は、ますます舌先の動きを速めました。それにつれて、ヌルヌルとした粘液が溢れ、舌先にまとわりつきます。それに比例して、あの独特の匂いが強まっていきました。

やがて吉澤さんは、私の太ももに顔を押しつけると、哀願の声を絞り出しました。

「もうダメ、早く栗原さんが欲しい」

吉澤さんはまた姿勢を変えて、私の上で向かい合いました。

「栗原さん、手術のあとだからそのまま体を動かしちゃダメよ。全部、私に任せてね。それと、大きな声は絶対に出さないで」

上気した表情で、それでも微笑を浮かべた吉澤さんはささやくと、私のものを握り騎乗位でじらすように腰を沈めていきます。

「くっ！」

私のものが、徐々に吉澤さんの中に吸い込まれていきました。そのぬめりと抵抗感、温かな内部の感触は、大げさではなく快感を脳天にまで走らせました。

私は下からもっと激しく彼女を突き上げたい衝動にとらわれましたが、言いつけを守って自重します。

「うっ、うっ、うっ」

吉澤さんはきつく目を閉じて眉の間にシワを寄せ、腰をゆっくりと上下させました。それだけでなく、ときどき、腰を回す動きも加えます。まるで、私のものをあの部分で味わい尽くしたいとでもいうような動きです。

彼女はあわてた感じで口を左手でおおうと、腰を上下させるピッチを速めました。同時に、見上げた乳房が上下に揺れる光景が印象的でした。

「うぅーっ！　うっうっ！」

吉澤さんのくぐもった喘ぎと、私のものが彼女のあの部分を出入りするいやらしい響きが重なりました。

すると吉澤さんの内部が急にすぼまり、私のものを絞り上げる感触が襲いました。

「うっ！」

声が出かかったものの、歯を食いしばってなんとか耐えた私の上に、吉澤さんは突っ伏しました。柔らかで重量感のある彼女の胸が押しつけられ、汗で滑りそうになります。反射的に私は、強く彼女を抱き締めました。

髪先が私の顔にかかり、目の前にある彼女の唇が苦しげに動きます。

「ね、キスして、」

私は、かすれ声の訴えにこたえて唇を重ね、舌を差し入れました。

すぐに互いの舌と舌が絡み合い、頭の中は真っ白になります。それで私は、限界が近いことを知りました。

唇を離した私は、吉澤さんの耳元に小声で告げました。

「そろそろ、もう、我慢できないよ」

うなずいた吉澤さんが、肌を密着させたまま腰をもどかしげに何度か動かした次の瞬間でした。

「あぁっ、私も、私も！」

短く言うと、私にしがみついた腕に力を加えます。

同時に内部がいっそう狭くなり、吉澤さんは背中を丸めたかと思うと、ビクンビクンと体全体をふるわせました。

「ううっ！」

そして私も、たまらず彼女の中に何年かぶりの男の精を注ぎ込んだのです。

それでも私たちは、しばらくつながったままでした。

「すごいわね、栗原さん……」

「そうかなぁ」

「まだ、私の中で硬いままだもん。若い人に、全然負けてないわ」

小声でそんな会話を交わしたあと、やっと私たちは離れました。

濡れティッシュで後始末をする吉澤さんは、いつの間にか看護師の顔に戻っていたのを覚えています。

それからの吉澤さんは、退院まで何事もなかったかのような態度で、看護師として私に接してくれました。

退院後の私は、まるで生まれ変わったような気分になっていました。

いまでは仕事のかたわら、地元のボランティア活動のリーダーとなり充実した毎日を送っていますが、心なしか若返っていくような気さえするのです。

欲求不満の筋肉熟女に誘われた私……女子トイレの中で汗まみれＦＵＣＫ！

小崎幸吉　会社員　六十一歳

若いつもりでも気がつけば、還暦を迎えてしまいました。

この歳になって気になってくるのが体力の低下です。軽く階段を上がっただけでも息切れするようになり、これではまずいと思いスポーツクラブに通いはじめました。

毎日の会社帰り、一時間ほどランニングマシーンで汗を流すだけですが、およそ半年でずいぶん体力もついてきたようです。会社の同僚や妻にも、見違えるほど健康的になったと言われるようになりました。

実は毎日スポーツクラブに通うモチベーションになっているのは、トレーニング中に見かけるある女性でした。

彼女は私と同じ時間帯に通っている女性で、筋力トレーニング用マシンのある場所にいつもいました。

年齢は三十代の後半から四十代の前半ぐらい。スラリとした長身で私よりも背が高く、凛々しい顔つきの美女です。

なによりも目を引くのは、彼女の引き締まった肉体でした。

上半身は下着のような形のフィットネスウェア、下半身はぴっちりとお尻に張りついたレギンス一枚という格好で、一心不乱に筋力トレーニングをしています。

その姿はまさに男性顔負けで、体つきも筋肉質でとても美しいのです。割れた腹筋や強靭《きょうじん》な太ももは、かなり鍛え上げられていました。

私はそんな彼女のトレーニング姿に見とれ、いつもこっそりと遠目から覗き見をしていました。

体が汗で濡れてくると、彼女の色っぽさはさらに増してきます。ただでさえ薄着で肌の露出も多いのに、乳首の形までくっきりと浮き上がってくるのです。

そのことに気づいていないのか、それともトレーニングに集中して気にならないのか、まったく隠す対策もしていません。

また、バーベルスクワットをしているときは、必ずこちらにお尻を向けてくれます。ランニングマシーンで走っている私の視線の先には、繰り返しお尻を突き出す彼女の姿があるのです。あまりの見事な眺めに、つい足を止めて見てしまうこともしばしばありました。

いったい彼女はふだんはどんな生活を送っているのだろう。普通のＯＬか主婦か、それとも有名なボディビルダーなのだろうかと、あれこれ想像をふくらませていました。

そんな、ある日のことでした。

いつものように私がジムへ行くと、なんと彼女のほうから私に近づいて話しかけてきたのです。

「こんばんは。今日もがんばってますね」

「えっ、ああ、こんばんは」

にこやかに声をかけられた私は、とまどいながら挨拶を返しました。

なにしろ何度も顔を合わせていたものの、一度も会話をしたことがなかったのです。

もちろん、お互いの名前さえ知りません。

それればかりか彼女は、私だけに聞こえるように耳打ちをしてきました。

「いつもここから私のこと見てますよね？」

私は心臓が止まりそうになりました。まさか、こっそり観察していたことを気づかれていたとは思わなかったのです。

もしかして、私のことを盗撮犯か、ストーカーかと疑っているのではないか。そう思ってあわてて弁明をしました。ところが、私の心配はまったくの杞憂《きゆう》でした。

「そうじゃなくて、お礼を言いたかったんです。いつも見てくれるからトレーニングの励みになって、すごくやる気も出てくるんです」

などと、逆に感謝をされてしまったのです。

どうやら彼女は、トレーニング中に他人の視線を意識すると、いつもより集中力を発揮できるタイプなのだそうです。特に男性からの視線は、もっと完璧なスタイルを作り上げなければというモチベーションになるのだとか。

さらに詳しく話を聞くと、彼女の名前は美和《みわ》さんといい、昼間は引っ越しの会社で肉体労働をしながら趣味でボディビルの大会にも出ているそうです。

私が彼女を目当てにこのジムに通っていたように、彼女もまた私に見せつけるためにトレーニングに励んでいたのです。

おかしな関係ですが、私たちはそれを知るとすっかり意気投合してしまいました。

「これからは、トレーニングをするときに私の近くにいてもらえませんか？　そうすると、私ももっとがんばれますから」

そう頼まれてしまい、翌日からは遠目に覗き見をする必要もなくなりました。私がランニングマシーンで走るときは、彼女も必ず近くのマシンで筋トレをするようになったのです。

私が目の前にあるお尻に見とれていると、彼女もそれを意識してか、ふだんよりも力が入っているように見えます。私にとっては目の保養にもなり、まさに役得としか言いようがありませんでした。

すると後日、例によって私たちが揃ってトレーニングをしていたときのことです。決められたメニューを終えた彼女は、激しく息をして、全身汗まみれになっていました。大きく開いたウェアの背中からは滝のような汗が流れ、レギンスも濡れてシミが広がっています。

いつもであれば、彼女は息をととのえて汗をタオルでぬぐい、私に挨拶をしてシャワーに向かいます。

しかし、この日は違いました。いつになく鋭い目つきで、ランニングマシーンをおりた私に声をかけてきたのです。

「これから少し、つきあってもらえませんか?」

「ええ、いいですけど」

私がそう返事をすると、彼女は汗もぬぐわないまま私をトレーニング室の外へ連れ出しました。

何やらふだんの彼女とは違うことに、すぐに私も気づきました。

いつになく顔が上気しているうえに、誘い方も強引でした。私を連れ出すときも強く腕を引っぱり、まるで一刻も早く二人きりになりたいかのようです。

トレーニング室の外には休憩所、更衣室があり、その奥に男女のトイレが並んでいます。

トイレの前まで来た彼女は、キョロキョロと周囲を見回していました。そして誰もいないのを確認すると、私に向かって「こっちです」と女子トイレに引っぱり込んだのです。

「ちょ、ちょっと待ってください!」

私もさすがに抵抗しましたが、彼女の腕の力には逆らえません。そのまま、女子トイレの奥にある個室へ押し込まれてしまいました。

個室に鍵をかけるなり、彼女は私の体を壁に押しつけて、すぐ目の前に迫ってきました。

「すみません、もう我慢できないんです。ここで私の相手をしてもらえませんか?」

頭が混乱していた私は、彼女がいったい何を言っているのか、まだ理解できていませんでした。

するると、おもむろに汗で濡れたフィットネスウェアを脱ぎはじめたのです。ウェアの下は何も身に着けていません。大きめの色の濃い乳首が、目に飛び込んできました。

もっとも私は興奮よりも驚きが先に来てしまい、声も出せませんでした。この状況では、へたに騒ぎを起こしてしまうのはまずいことぐらいわかっています。

「トレーニングしたあとって、すごくムラムラしちゃうんです。いつもは家に帰るまで我慢できるんですけど、もう今日はどうしても抑えきれなくなって……」

そこまで言われて、ようやく彼女がセックスをするために、私をトイレに連れ込んだことが理解できました。

「いや、でも……こんな場所じゃヤバくないですか？」

私が思い止まらせようとしても、彼女は「だいじょうぶです」と聞き入れようとはしません。

正直に言えば、すぐにでも彼女を抱きたい！　彼女の筋肉質の体はどんな抱き心地なのだろうと、何度も空想しました。

ただこんな場所でセックスを迫られるとは、思ってもいませんでした。

しかも私は六十歳を過ぎており、肉体も性欲も衰えています。彼女のような鍛えている女性とはつり合いがとれません。

私を選んだのは、たまたま身近にいたのと、強引に迫っても問題はないと思ったからでしょう。

彼女の暴走は止まりません。上半身裸になってしまうと、私の体を力づくで押さえにかかりました。

「舐めてください」

そう言って、私の頭を屈ませて、上半身ごと胸を顔に押しつけてきたのです。

汗もふいていない彼女の体からは、甘ずっぱい匂いを感じました。しかし不快な匂いではなく、濃密なフェロモンそのものです。

私はうっとりと匂いをかぎながら、控え目なサイズの彼女の胸に顔を埋め、乳首を口に含みました。

「ああっ……」

そのとたんに、彼女は甘い声を出しました。

よほど刺激に飢えていたのか、乳首に軽く舌を這わせるだけで息を乱しています。

だんだんと、乳首も口の中で硬くとがってきていました。

ようやく私も、とまどいよりも興奮が上回り、愛撫にも力が入ってきました。

ただ乳首を舐めるだけではなく、歯に挟んで強く吸ってやります。それに彼女は敏感に反応してくれました。

「もっと、もっと強く吸ってください！」

彼女は興奮してくると、自分を見失うタイプのようです。乳首を吸っている私の頭を抱いたまま、なかなか離そうとはしません。

「あっ、すみません。つい力が入っちゃって」

しばらくして、ようやく我に返って手を離してくれました。

そのころには、私も彼女に抱き締められることに悦びを感じていました。あの匂いと胸のやわらかさを感じられなくなると、少し物足りない気分です。

「私って、いろんな場所を舐められるのが好きなんです。汗くさいですけど、我慢してくださいね」

今度は、さらに強い匂いのする腋の下を舐めさせられました。腹筋も背中も、汗をかいている場はすべてに舌を這わせ、まるで犬のようでした。

そこまで奉仕をすると、ご褒美が待っていました。ずっと肌を舐めつづけていた私の顔を抱き寄せ、キスをしてくれたのです。

「ンムッ……」

ただ唇を重ね合わせるだけでなくキスも強烈です。強引に唇に吸いつかれ、舌もねじ込まれてしまい、私は思わずうめいてしまいました。

どうやら彼女は、かなりSっ気があるようです。自分が責めている、奉仕させる立場でなければ興奮しないのでしょう。

逆に私は彼女に命令されていると、なぜか悦んで言いなりになってしまいます。彼女とは反対に、Mっ気が自分にはあったことに気づかされました。

たっぷり唇を吸われたあと、彼女は中腰になってレギンスに手をかけました。

それも一気におろしてしまうと、脱いだレギンスを私に見せつけながら、足元に投げ捨てました。

なんと彼女は下もノーパンでした。私の目に飛び込んできたのは、股間の黒い毛と薄茶色に染まった割れ目でした。

「こっちも、舐めてくれますよね?」

ていねいな言葉づかいですが、有無を言わせない迫力でした。

私は命じられるままに、彼女の足元に屈み込みました。すぐ目の前に迫ってきた割れ目と、がっしりとした太ももに顔を挟まれ、身動きができなくなりました。

こちらは汗ばんだ体よりも、さらに蒸れた匂いがします。おしっこや汗だけでなく、興奮したさまざまな匂いも混ざっているようでした。

私はその濃密な匂いに包まれながら、舌を出して股間を舐め上げました。

「ああっ……！」

先ほどよりも大きな声とともに、彼女の腰がビクッと動きました。

ここは乳首よりも感じやすく、反応もいちだんと激しいものでした。声の大きさだけでなく、股間ごと私の顔にこすりつけてくるのです。

「ああ、気持ちいいっ……もっと、いっぱい舐めてください！」

彼女の手がグリグリと頭を押さえつけ、鼻も口もすべてふさがれてしまいそうでした。

私は息苦しさを感じながらも、必死で舌を使いつづけます。そうしないと興奮した彼女に、本気で窒息させられてしまうと思ったからです。

舐めている割れ目も次第に濡れてきて、内側からとろりと液が溢れてきました。

もちろん、それもすべて舐め取らなければいけません。彼女は汗だけでなく愛液の量も多く、次から次にこぼれ落ちてきます。

「はぁんっ、あっ、ああ……ああんっ」

すっかり彼女は快感に夢中になっていて、自分がどんな声を出しているのか気づいていないようです。

こんなときに誰かがトイレに入ってきたらたいへんです。かといって舌を止めてしまうこともできず、かなりのあせりを感じました。

どれくらい舌を動かしつづけたのか、ようやく手の力がゆるんで私は解放してもらえました。

しかしホッとする暇もないまま、今度は私が立たせられました。すぐに彼女はしゃがみ込み、私のトレーニングパンツと下着を力任せに引きずりおろしたのです。

「うっ……!」

あっという間にペニスが咥え込まれ、私まで声を出してしまいました。

私もかなり汗をかいており、清潔な状態ではなかったはずです。それにもかかわらず、彼女もためらうことなくペニスを口に含んだばかりか、ものすごい勢いで吸い上げてきたのです。

私はあまりの快感に、とまどいが吹き飛んでしまいました。私のような性欲の衰えた中年でも、たちまち勃起してしまうほどです。

しかも彼女は、私の腰をがっしりつかんだまま激しく口を動かしています。体は身動きもとれないまま、ペニスだけが口の中でもてあそばれつづけていました。

「ンンッ、ンンッ……」

激しい息づかいをしながらフェラチオをする彼女の表情は、とても色っぽいものでした。トレーニング中に見せる険しい顔とはまるで違う、女の顔です。

それだけに私は、ふだんの彼女とのギャップに興奮し、こんなことをしてもらえるのが夢ではないかと思ってしまいました。

十分にペニスが勃起したところで、彼女は口を離して立ち上がりました。

「そのまま、動かないでくださいね」

彼女は私に言い聞かせるように耳元でささやきました。

私は肩を両手で押さえつけられ、壁に背中を押しつけられました。彼女の体と壁で挟まれ、動こうにもまったく身動きがとれません。

すると彼女は、タンクのパイプに片足を乗せて、ペニスを自分の股間へ導こうとしているのです。

私は窮屈な姿勢のまま、黙って彼女に身をまかせました。そうするより、ほかないのです。

ようやく彼女も、つながる位置を見つけたようです。ペニスの根元を持つと、腰を押し進めてきました。

そのとき私は、あまりの刺激に言葉を失っていました。

ぬかるんだ穴にペニスが呑み込まれ、彼女の体の奥まで届いていたのです。

つながってしまうと、彼女はさらに私の体を強く抱き締めました。

そうしながら、彼女は密着させた腰を揺らしはじめました。最初はゆっくりと、細かくペニスを出し入れさせるペースです。

狭いトイレの個室の中で、立ったまま女性とセックスをするのはもちろん初めての経験です。

しかも相手は、私より身長も力も上回っている筋肉質の女性です。まるで男の私が、女性に犯されているような気分でした。

実際、腰を動かしているのは彼女だけで、私はただ立っているだけにすぎません。

「いいっ、ああ……こういうの、すごく燃えてきちゃう！」

彼女も男を力づくで犯すことに興奮しているようでした。高まった性欲を発散するには、こうするしかないと言わんばかりです。

次第に彼女の腰の動きが激しくなってくると、トイレの壁までガタガタと音を立てはじめました。

「ああ、待ってください。もう少し加減をしてもらわないと……」

あまりの圧力の強さに、私は思わず弱音を吐いていました。

しかし彼女は力をゆるめるどころか、逆に私の抵抗を押さえつけてまで腰をぶつけてきます。

私が弱音を吐いたのは苦しかったからではありません。彼女の強靭な締まりに耐えきれなくなりそうだったのです。

下半身もよく鍛えられているので、彼女が動くたびにペニスがきつく締め上げられました。

もし私が若ければ、快感に負けてあっさり果てていたでしょう。そうならなかったのは、年老いて精力も落ちていたからです。

このままでは膣内に射精してしまうことになり、それだけは避けようと必死になって耐えつづけました。

「はぁっ、もっと！　すごいっ、いいっ、イキそうっ！」

しかし彼女は、すでに自分を見失っています。私のことはまるで気にせずに、一方的に腰を振りつづけています。

もはや私は、限界を超えていました。このままどうなってもいいと思い、我慢を解放することにしました。

「ううっ！」

私がそう叫ぶと、彼女も野性的に喘ぎながら、ガクッと体を預けてきました。

まるでトレーニング直後のようにハァハァと息を切らし、彼女の体からは汗が滴り落ちていました。

私は射精の快感に包まれ、もはや立っているだけでやっとの状態です。文字どおり精魂尽き果てていました。

お互いに疲れきったまま、ひとまず私たちは体を離しました。

その際に彼女は一言、「すみませんでした」と私に謝りました。セックスが終われば元に戻り、表情も穏やかになっていました。

もっとも私にとっては一生に一度の、とてつもない刺激的な体験でした。謝られるどころか、逆に彼女に感謝したいくらいでした。

それから私たちは用心してトイレを抜け出し、汗を流すためにシャワーを浴びました。着がえて更衣室を出ると彼女が待っていて、二人で並んでジムをあとにしました。

この日を境に、私たちはジムではよきトレーニングパートナーとなり、常に二人で運動をするようになりました。

ときには彼女が私の筋トレにつきあい、隣で励ましの声を送ってくれます。そうなると私もやる気が出て、少しずつですが筋力もアップしてきました。

彼女がそうして私を鍛えてくれるのは、体力と精力をつけさせるためです。

あれから、私たちは何度も関係を持ちました。彼女のハードなセックスにつきあうには、並たいていの体力ではもたないのです。

疲れてヘトヘトになりながら彼女を満足させるのはたいへんですが、こんな、ぜいたくな悩みは誰にも言えません。

〈第三章〉牡と牝の本能が目覚める神秘的な夜

句会で見初めた還暦過ぎの美しい女性
二人だけの秘密のSM遊戯に溺れ……

金沢将吉　無職　七十歳

昭和四十年代に発足した歴史ある地元の俳句結社に入って二十年になります。メンバーは年度によって流動的ですが、下は四十代後半から上は八十代までといったところでしょう。和気藹々《わきあいあい》とした社交場といった雰囲気もありながら、しかし俳句については一貫して鋭意を忘れずに取り組んでおり、名のしれた俳人を排出したこともある由緒正しい結社です。

活動内容はシンプルで、偶数月に句会が開かれ、それぞれの秀句を集めて立派な冊子を作ります。冊子の制作担当は五人ずつの持ち回り制になっていて、句の選評から印刷、製本の手続きまですべて行うことになります。

選評には責任が重くのしかかり、大いに頭を悩ませるところです。しかしやりがいがありますし、若き日の文化祭のようなムードもあり、充実した時間を過ごすことができます。

津也子《つやこ》と深い仲になったのも、同じグループで冊子を作ったのがきっかけでした。

六十二歳の津也子は四十代に離婚を経験しており、子どもが二人。どちらもとうに結婚していて孫があるものの、縁遠くなっていて会うことはめったにないそうです。

「私って冷たい女なのよ。孫はかわいいって聞くけど、会うと疲れちゃって……あんまり興味ないのよね」

サバサバした口調でそんなことを言う津也子は、十人ほどいる女性会員の中でも特に目立った存在でした。なんでも思ったことを口にする女王様然とした強気さも印象的ですが、所帯じみたところのない美人で、肌に張りがあり、細身ですが出るところは出ている女っぷりのよさがたまらないのです。

彼女自身もプロポーションに自負を持っているらしく、胸元の大きく開いたセーターやぴっちりと太ももに張りつく黒いレザーのスカートをはきこなし、半ばこれ見よがしに「現役のオンナ」であることをアピールしていました。

年配者の多い結社ですが、俳人などというものは元来が多感にできていて、逞しい想像力とともに助平心も旺盛なものです。私を含めて、ひそかに津也子を狙っている男は少なくありませんでした。

彼女は魔性の女らしく、そうした男たちをもてあそぶように誰彼となくはすっぱに話しかけたり、ときには挑発的なボディタッチをし、反応を楽しんでいるようなところがありました。

ですから、表面上は誰にでもチャンスがありそうなものでしたが、俳人とはまた繊細で臆病な性分を持っているものです。抜け駆けをしてアタックを仕かけられるような、いわば俳人にあるまじき図太さを持った男は、どうやら私だけだったようです。

ある日、津也子とともに製本屋を訪れるチャンスを得た私は、帰りに食事をしていこうと誘いをかけ、了承を得るとそのまま車をラブホテルに突っ込ませました。

「あら、ご飯じゃなかったの？」

駐車場でエンジンを切ったとき、助手席の津也子は心なしか蒼《あお》ざめているように見えました。しかし私が「中でも食えるよ」と答えると、生来の気の強さを刺激されたのかキッとしたように顔を上げ、「へんなもの食べさせられなきゃいいけど」と早口に言って自ら車を降りました。

津也子のそうしたはねっかえり根性は、年季の入った私から見ると虚勢そのもので、かえってかわいらしいものに感じられました。

実際、ホテルの部屋に入った私は、津也子に対してできる限り紳士的にふるまいました。もちろんやることはやるわけですが、けっして乱暴な態度をとったり、自分本位にむさぼったりはしなかったということです。

立ったまま抱き締めると、少し震えているらしい津也子の耳元で「初めて見たときから夢中だったよ」とささやき、背中をゆっくりなでてやり、何度も口づけをして、彼女の緊張を解きほぐすように努めました。

そうするうちに、腕の中の津也子の体がじっとりと湿り気を帯び、熱を持ちはじめました。少し息も荒くなり、私が彼女のブラウスのボタンをすべて外すと、「ああっ」と耐えきれぬように声をあげ、私の胸に顔を埋めてきました。

その仕草は私に肌を見られることを恥じているようで、実にいじらしく、むしろ私の本能を暴走させそうになりました。そこをグッとこらえて再び繰り返し口づけをし、手指の感覚だけでブラジャーのカップをずらし、乳房を優しくもみしだきました。

「アッ……んんっ」

小さく呼気を洩らした津也子が、ガクガクと膝を落としそうになりました。

「敏感なんだね、君は」

そう言って彼女の尻に当てていた片手でスカートをたくし上げ、指先を股ぐらにもぐり込ませます。すると、津也子はいきなり私の肩口にガブッと嚙みついてきました。

私は驚いて、思わず彼女をベッドの上へ押し倒してしまいました。

「ごめんよ、急に噛みついてくるものだから、お返しだよ」

そう言いながら乳首に唇を吸いつけ、パンティの中に手を差し入れて、淡い陰毛に縁どられた割れ目に指をすべり込ませました。

「ああっ、あぁぁっ、い、イヤッ……」

鋭く叫んだ津也子が、ギュッと目を閉じました。

本当の拒否でないことは、言うまでもありません。私はすばやくスラックスとブリーフを脱ぎ去ると、パンティの股布を横にずらし、一気にモノを挿入しました。けっして急《せ》いたわけではありません。早めにトドメを刺してやったほうが、プライドの高い彼女にとっては気持ちの面で楽なのではないかと思ったのです。

深々と埋まった私のイチモツが前に後ろに動きはじめると、津也子は唇を半開きにし、骨盤をクイクイと小気味よく傾け、両の乳首をピンと立たせて、張りのある裸身をなまめかしくくねらせました。

たっぷりと溢れ出す愛液は熱く、巾着のようなオマ○コは内部で盛んにうごめいていました。

私は腰を動かしながら彼女を裸に剝いていき、私自身も裸になって、互いの胸を密着させました。

津也子の腰には、クシャクシャに丸まったスカートがわだかまっており、パンティもはいたままでしたが、それがなおのこと情感を高めていました。まるで若い二人が、衝動のままに交わっているような気分にさせるのです。

ついに彼女が気をやったあと、私もそのまま津也子の中で果て、私たちはしばらくの間、汗ばんだ肌をぴったりと当てたままじっとしていました。

こうしているときの津也子は、ほんとうにかわいらしい少女のようでした。

そのあと、いっしょに風呂に入り、上機嫌になってくれたらしい彼女の問わず語りを聞きました。

津也子は離婚後にさまざまな男を渡り歩いてきたそうで、曰《いわ》く若い男は甘えてくるばかりで女を悦ばせることを知らない、年寄りは年寄りでアレが役に立たない、つまらないセックスにはもう飽きあきしていると、いつの間にか女王様に戻って手厳しいことを言ってきました。

あくまで、強気な自分を保っていたかったのかもしれません。それでも、私のことはペニスの硬さにおいて合格点だったと言ってくれ、以後は俳句の集まりを抜きにしたところでも会ってもらえることになったのです。

私はぜひともこのじゃじゃ馬を乗りこなし、身も心もすっかり己の物にしてやりたいと、チャレンジ精神を燃え立たせるようになりました。

そこで、次に会ったときにはレストランで食事をしている最中、テーブルの下で足を伸ばしてオマ○コに悪戯をしてみました。靴を脱ぎ、靴下をはいた爪先を彼女の膝の間に割り込ませ、チョンチョンとパンティを突ついてやったのです。

ちょうど食事時ということもあり、店内は賑《にぎ》わっていました。言いたいことは明確に主張する津也子ですから、ともすればコップの水でもぶっかけられるかもしれないと覚悟したうえでのことでしたが、豈図《あにはか》らんや、彼女は頬をポオッと赤く染めてされるがままになっていました。

怒り出すどころか股ぐらを湿っぽくさせ、ただモジモジと目を伏せているのです。

おや、これは……私は内心で一人ごちました。

実は若いころ、まだ会社員だった時代にSMマニアの同僚がおり、女にマゾ気があるかどうかは羞恥心を刺激したときに見せる反応でわかると聞いていたのです。しかるに津也子のこの反応は、マゾ気十分といったふうに判じえます。

年老いた女房とは、結婚当初からノーマルセックスしかしてこなかった私でしたが、そうとなったらいろいろと試したくなるのが人情です。ましてや、相手は女王様然としたふるまいで知られる、あの津也子なのです。

食事のあとでラブホテルにしけ込むと、私はホテル備えつけのガウンの帯を使って津也子に目隠しを施しました。

「あら、何をするつもり……気味が悪いじゃないの」

「つまらんセックスには飽きあきしてると言ってただろう。だから、ちょっとしたスパイスを利《き》かせてやろうと思ってね」

私はそう言うと、津也子の肩に手を置いて床に跪《ひざまず》かせ、露出したイチモツを彼女の口元へ持っていきました。

「ほら、津也子、君の大好きな硬いチ○ポコだよ。たっぷりおしゃぶりしておくれ」

言いざまに、津也子の頭をつかんで腰を突き出し、モノを口内に捩《ね》じ込みました。

「んむぅっ！」

津也子はむせそうになりましたが、けっして自分で目隠しを取ろうとしたり、モノを口から出そうとはしませんでした。

代わりにフウフウと鼻息を荒くし、シャワーも浴びていない私のそれを、ジュブジュブと音を立ててねぶりだしました。

レストランでの悪戯は思いつきにすぎませんでしたが、こうなるといよいよ本物だという気がしてきます。

私は彼女の隠れファンをやっている会員仲間たちの顔を思い浮かべて、深い優越感にひたりました。彼らのうちの誰一人、津也子がこんな行為を受け入れるなどとは夢にも思っていないでしょう。

ふだんの津也子は、どちらかと言えば男に馬乗りになったり、あるいは逆に自分が奉仕されることを好む女に見えているのですから……。

この日、私は津也子の目隠しをはずさないまま足の指を舐めさせたり、寝そべって乳首を吸わせたりしたあと、すでにトロトロになっていた彼女のオマ〇コを前回とは違って激しく犯し貫きました。

すると津也子は「ああっ、もっとして！　滅茶苦茶にして！」と叫び声をあげ、こちらも前回とは違って何度も激しく気をやりました。

豊かな髪の毛をおどろに乱し、熟れきった六十路の肉体を汗だくにし、身も世もなく喘ぎ悶《もだ》える姿は、まさに凄艶《せいえん》。私は体力の続く限りに腰を動かし、また体位もとおり替えながら、これでもかこれでもかと念入りに責め立てました。

「このセックスはつまらないかい？」

「ああっ……意地悪を言わないで……き、気持ちいいわ！」

女房にも、いえ、ほかのどんな女にもこんなセリフを言ってもらったことはありません。私は気がつくと満面の笑みを浮かべ、年がいもなく不意に射精していました。ぐったりとした津也子が、目隠しをしたままオマ○コから精液を溢れ出させている姿には、なんともいえない強烈に淫靡な風情がありました。

次に津也子と顔を合わせたのは、ちょうど句会が開かれる日でした。今度会ったら何をしてやろうかと心待ちにしていた私は、これまでよりもいっそう大胆に彼女を責め立てないではいられませんでした。

会場はよく使っている築九十年の古民家で、総勢三十名ほどが大きな居間に集まっていました。何人かの女性は台所と居間を行ったり来たりしており、初めのうちは悪戯ができるような死角を見つけられませんでした。

しかし句を作るために自由行動する時間になると、皆の目を盗んでスカートの中に手を突っ込んだり、廊下の角で口づけをしたりと、すきを見てスリリングなプレイを楽しむことができました。

津也子は皆の前にいるときは、ふだんどおり女王様然としたところを見せていましたが、私と二人きりになるとたちまち瞳をかわいくうるませ、いったい何をされるのかとビクビクしているような、期待しているような色っぽい顔になりました。

途中、我慢できなくなった私が津也子をトイレの個室に引き込んでオーラルセックスをさせたときは、「こんなところを誰かに見られたら……」とさすがに声をふるわせました。しかし明らかに高揚した様子で、舌づかいはラブホテルでしているときよりも念入りになっているほどでした。

「本当なら、この場で犯してやりたいがね。君はほら、すぐ大きな声を出すだろう」

「だって、それは……あんまり激しくするもんだから……」

「ふふふ、そんなことを言って、早く犯してほしくて仕方ないくせに」

津也子を立たせ、スカートをまくり上げてパンティの中に手を突っ込むと、案の定、そこはかわいそうなほどにたっぷりと濡れ落ちていました。

「でも、ここじゃダメだ。お預けだよ」

「ああっ……意地悪ばっかり……」

ほんとうにヤラれたら困るくせに、津也子の全身からはむせ返るような色香がにじみ出していました。

いったい、津也子はこのような遊びをどう思っていたのでしょう。つまり、マゾとしての自覚があるのかということですが、私から見るに、津也子の反応はもっとウブで、無自覚なもののように感じられました。

「どうも君は、スリルに興奮するところがあるようだね」

句会のあと、あらためて二人きりになったときにさり気なく聞いてみました。

「だって……初めてのことばかりで……さすがの私もドキドキしちゃうの」

鼻にかかった声でしおらしく言う津也子には、ともあれまだまだ責めてやる余地が残っているように見えました。


濡れ場ではないところでの津也子は、相変わらずのじゃじゃ馬でした。それが魅力でもあるのですが、私の中には彼女をもっと明確に屈服させてみたいとの気持ちが日ごとに強まっていました。もちろん、憎らしくてそう思うのではありません。ますます夢中になればこその、自然な征服欲でした。

ついひと月ほど前のことです。私たちはいつものようにラブホテルに入ると、「今日は君の下の毛を剃《そ》ってやるからそう思え」と宣告しました。

「し、下の毛を……どうして……」

「君の淫らなオマ○コが、もっとよく見えるようにさ。浮気防止にもなるしな」

「あなたには奥さんがいるじゃない」

「またそんな口答えを……本当は、早く剃ってほしくてビショビショになってるんだろう？」

私はそう言うと、有無を言わせず津也子の着衣を剝ぎ取りました。津也子は「いや、いや……よしてよ」と身を捩っていましたが、その仕草がもう悦びに溢れていました。

「ほら見ろ、こんなに濡らして」

オマ○コに指を這わせて確認した私は、彼女の腕を取って浴室へ連れていきました。ポケットの中には、あらかじめ用意しておいた安全カミソリが入っています。

シャワーで湯を出し、津也子を風呂椅子に座らせて脚を開かせました。

「ああっ、ひどい人ね……」

もともと濃い陰毛ではありません。少し白いものも交じった煙のようなそれは、剃らずとも津也子の恥ずかしい部分をあからさまにしていました。

怪我をさせぬよう慎重に剃っていくと、津也子にはそれがじらされているような刺激になったようです。途中から「あっ……んんっ……はぁっ」と切なげな吐息を洩らし出し、爪先を立てて、背後のタイルに手をついて骨盤をせり上げてきました。

「こら、動くな」

「だ、だって……あぁ、もう！」

見ると、丸出しになった肉裂から透明な粘液が糸を引いて垂れ落ちていました。

「よし、きれいに剃れたぞ。どうなってるか、君も見てみたいだろう」

私はそう言うと、彼女に体をふかせ、裸のまま部屋に連れ戻しました。そして鞄《かばん》からデジタルカメラを取り出し、すぐにシャッターを切りました。

「だ、ダメよ、そんなの！」

津也子が顔色を変えました。

「ぼくが個人的に楽しむだけだよ。顔は撮らないから、いいだろう？　ほら、そこに座って、自分の指でオマ○コを開くんだ」

「うぅ……」とうめいた津也子が顔をゆがませ、しかし命じたとおり、全裸のままソファに座って脚を左右に開きました。そして震えるピースサインを割れ目の両脇にあてがいました。

「いいぞ、いやらしいオマ○コだ。クリトリスがビョコンととんがって、ビラビラの間からイヤラしい汁がどんどんにじみ出てくる」

私の言葉に、津也子は顔を真っ赤にしました。それでも、割れ目を指で開きつづけていました。

「そのまま、オナニーしてごらん」

何度もシャッターを切りながら指示すると、津也子は下唇を嚙み、私をキッと睨《にら》みつけてきながら、指先をクリトリスに当ててクルクルと円を描くように摩擦しはじめました。

「どうしよう、私……こんな女じゃなかったのよ……」

うれしい言葉に、私は激しく興奮しました。六十路のじゃじゃ馬が、女王様としての仮面を脱ぎ捨て、私の命令のままに屈辱的な姿をさらしているのです。

羞恥にまみれた津也子は、非常に敏感になっているようでした。シャッター音のひとつひとつにビクンビクンと反応し、ソファを愛液まみれにし、のけぞったり、脚を突っ張らせたりしました。

「あぁっ……恥ずかしい……イクッ、イクッ……」

そんな津也子を見つめながら、私も自分の着ているものを脱ぎ去りました。そしてオナニーを続けさせたままオーラルセックスをさせ、約束を破り、顔も画角に入れて撮影しました。私が顔を撮っていることに津也子も気づいていたはずですが、何も言わずに夢中でモノをしゃぶりつづけていました。

長いまつ毛にとがった鼻……まるでヘップバーンに奉仕されているような気分です。

私はますます猛り昂りました。

「もっと、君の悦ぶことをしてやろう」

ガウンの帯で目隠しを施し、彼女をベッドへいざないました。そうして脚を大きく開かせ、パイパンのオマ〇コに顔を押しつけて舐め回しました。

津也子のオマ〇コはビラビラが小さく、色素沈着もなくて十代の娘のような趣があります。これは本人に確認したことではないのですが、彼女にたくさんの男性遍歴があるというのは、かなり誇張して言っているのかもしれません。

むしろそう考えたほうが、津也子が見せるさまざまに初々《ういうい》しい反応の説明がつくというものです。

クリトリスを舐めながら割れ目に指を差し入れ、天井を突いてやりつつ余った腕で乳房をもみしだきました。

「はうっ……あぁぁあっ……い、イイッ！」

津也子の腰が持ち上がり、またストンと落ちて、腹筋がブルブルとわななきます。

やはり彼女の場合、目隠しをすると感度がなおのこと上がるようです。

「まだまだ、これからだぞ」

そう言い置いて、私は彼女を引き起こしました。

「ど、どうするの?」

「こっちへおいで」

手を引いて床に立たせ、ゆっくりと窓際まで案内しました。そして「こうするんだよ」と、私は窓のカーテンを一気に開け放ちました。

「えっ……」

目隠しをしたままの津也子が、音を聞いて内股になり、不安げに腰を引きました。

「カーテンを開けたんだ。ほら、もっとこっちに来なさい」

グッと腕を引っぱり、彼女に窓枠へ手を突かせました。窓の向こうには隣のビルの壁があるだけでしたが、私は「おっと、目の前のオフィスから丸見えだ」と嘘をつきました。

津也子は「ひいっ！　い、イヤッ！」と座り込みそうになりましたが、私は背後から腰をつかんで無理やりに立たせ、すぐさま立ちバックの格好で津也子を深々と貫きました。

「あはぁっ！」

津也子がのけぞり、窓枠ではなく窓に手のひらをあてて髪を振り乱しました。

「見られてるぞ。パイパンで犯されてる君の恥ずかしい姿をたくさんの人が見てるぞ」

私の嘘を信じた津也子の肌が桃色に染まり、一気に玉の汗が噴き出してきました。

「ああっ、恥ずかしい……い、いやっ、許してっ……ひぃぃぃーっ！」

立ったまま気をやる津也子は、ほとんど我を失くしているように見えました。

いくら強気な性格といっても昭和の女です。これほどの痴態を大勢の人に見られていると思えば、とてもまともな心持ちではいられないのでしょう。ただし津也子の場合、その羞恥心や動揺は、エクスタシーに直結しているらしいのですが……。

「どうだ津也子、これからも、こうして私と遊んでくれるかい？」

私は彼女を初めて呼び捨てにして聞きました。

すると津也子は「ああっ、いいわ……だってもう……離れられないもの」と叫ぶなり、また激しく気をやりました。

「そうかい、どうして離れられないんだい？」

くずおれそうになる津也子を腰で支え、なおもグングンと突き上げてやりました。

「あぁっ……こ、こんなこと……こんなにいいこと……いままで誰もしてくれなかったの！」

津也子が身を捩り、背中を波打たせました。

その素直な告白に、心底からいとしさを覚えた私は、彼女が膝を折るのに任せて床で行為を続けました。こんなふうに、犬みたいな扱いを受けたこともなかったに違いありません。津也子は絨毯に爪を立て、髪を振り乱しながら慟哭《どうこく》しました。

私もまた無我夢中でした。

「ぼくにとっても君のような女は初めてだ。これまでたくさんの女を抱いてきたが、津也子ほど刺激的な女は一人もいなかったよ」

「ああっ、あああっ……うれしいっ……私を……私をあなたの女にして！」

句会で見初めたばかりのころには、彼女からこんな言葉が聞けるとは思ってもいませんでした。

古稀《こき》を迎え、世間的にはもう色も欲もない枯れ木としか思われていないであろう爺さんですが、このとき私は確かに、恋の甘ずっぱさを感じていました。

津也子も同じような気持ちであぁ言ってくれたのか、あるいは快感にまぎれての放言だったのかどうか……本心まではわからないにせよ、この刹那《せつな》の射精が私の人生の中でも指折りのものだったことはまちがいありません。

津也子とは、その後も安定した関係を続けています。

彼女がいわゆるマゾなのは、おそらく確かなことでしょう。しかし私自身は特段のサディストというわけではなく、本格的なＳＭプレイはできていませんが、最近、津也子が悦ぶのならと、緊縛の教本を購入してみました。

ホームセンターで数本の綿ロープも購入し、津也子と会うときは必ず鞄に忍ばせていっています。

実地に練習を初めてみると、緊縛の世界というものは俳句と同様に奥が深く、やればやるほどに、おもしろみを感じてくるもののようです。津也子の緊縛姿を写真に撮ることでますます楽しくなり、もしかしたら私にもサド気があるのではないかと思えてきました。

こんな節操のない手記を読み、いい歳をして何をしているとあきれる方もいらっしゃるかもしれません。しかし彼女も言っていたように、いくつになろうと初めての体験というものはドキドキさせられますし、興奮もするものです。

いずれこの気持ちを粋に詠み上げ、冊子に収めたいと思っています。

真夜中に訪ねてきた若々しい熟妻に旦那にナイショで背徳の精汁激発射！

鶴田孝市　マンション管理人　七十一歳

四十代のときに離婚してからは独身を通し、いまはある地方の五階建てのマンションで管理人をしております。

建物の出入り口にある受付の業務と掃除が私の主な仕事で、部屋は一階の隅にあり、賃料は安くしてもらっています。

四階に住む望月《もちづき》さん夫婦が引っ越してきたのは、およそ六年前のことでした。奥さんの留美子《るみこ》さんは専業主婦で、年齢は四十代前半。軽くウェーブのかかったセミロングの髪形、涼しげな目元、ふっくらした唇が見目うるわしく、子どもがいないせいか、とても若々しくて素敵な女性でした。

引っ越してきてから、半年ほど経ったころでしょうか。派手な夫婦ゲンカをし、隣人からの連絡で駆けつけて仲裁したことがありました。

翌日、奥さんは受付所に謝罪しにきて、それからはたびたび相談に乗ってあげるようになりました。

忘れもしません。あれは、二年前の秋口のことです。その日は日曜ということで、寝酒を楽しんだあと、布団の上でうつらうつらしているときでした。

突然インターホンが鳴り響き、ハッとして身を起こしたものの、時計の針はすでに午前零時を回っているではありませんか。

何かしら緊急事態が起こったのかと、私はパジャマの上からジャンパーを羽織り、玄関口に向かいました。

「どなたですか？」

「夜分遅くにすみません。望月です」

「……え？」

ひょっとして、また旦那さんとケンカでもしたのか。そう思いながら扉を開けると、留美子さんが外出着姿でたたずんでいました。

「管理人さん、ごめんなさい」

「いったい、どうしたんですか？」

案の定、旦那さんとひと悶着あったらしく、よほど泣いたのか、目がかなり腫れていました。

「また……ケンカですか？」

「今度のは、ちょっと違うんです！」

彼女はかなり感情的になっており、なだめすかそうとしても昂奮は収まらないようでした。

一度目の夫婦ゲンカで周囲に迷惑をかけたことから、大事になる前に友だちの家に避難すると言っていたのですが……。

詳しく話を聞くと、その友人から断られて途方に暮れていたところ、私の存在を思い出したそうです。

「ちょっと、お話を聞いてもらっていいですか？」

「あ、それじゃ、受付にでも……」

「そんな場所じゃ、夫に見つかっちゃうじゃないですか。中に入れてください」

「いや、それは……あっ」

留美子さんは肩を怒らせ、強引に部屋に上がり込みました。

それだけでもすでに迷惑をかけているのに、ほんとうに困った人だと、そのときは思いました。

とはいえ、強硬な態度で拒絶するわけにもいかず、覚悟を決めた私はあわてて居間に戻り、寝室の引き戸を閉めてから彼女を室内に促しました。

「何か、飲みますか？」

「けっこうです。それより話を聞いてください」

「わ、わかりました」

留美子さんはジャケットを脱ぎ、憤然とした表情でテーブル席に腰かけました。

自分の感情が最優先で、後先のことを考えずに行動してしまう。いまにして思えば、とても女性らしい人ではあったのですが……。

おそらく、彼女のそういった性格もケンカの要因であろうことは推測できたのですが、昔から気の弱い私にそんな指摘はできるはずもありません。

とりあえず気分を落ち着かせなければと考え、私は真向かいの席に座り、留美子さんの話をうんうんうなずきながら聞いてあげました。ケンカの原因は旦那さんの浮気らしく、離婚を真剣に考えているとのことでした。

「ひどいと思いませんか？」

「は、はあ……それは、確かにひどいですね」

「今回で二度目なんです！　二度としないと誓ったのに、絶対に許せません！」

「まあまあ、落ち着いて」

相槌を打ちながら、私は自分が離婚したときのことを思い出していました。出世もできない冴えない男に幻滅したと責められ、三行半《みくだりはん》を叩きつけられたのですが、真相は女房の浮気だったんです。

その事実は離婚したあとに知ったのですから、ほんとうにマヌケですよね。

なんにしても、いろいろな夫婦がいるものだと感心しながら応対していたのですが、感情がまたもや昂ったのか、留美子さんはさめざめと泣き出しました。

「だ、大丈夫ですか？」

穏やかな口調で慰《なぐさ》めようとしたものの、彼女が来訪してから一時間近くが経っており、一刻も早く帰ってもらいたいという思いが募《つの》りました。

「まあ、その……夫婦のことは他人の私にはわかりませんし、やっぱりよく話し合うしかないと思いますよ」

私は椅子から腰を上げ、留美子さんに歩み寄り、肩を軽く叩きました。

「さ、立って。きっと、いまごろは旦那さんも心配してると思いますよ」

「心配なんかしてるわけありません」

「ど、どうして？」

「今日も、友だちの家にいるって思ってるはずですから。どうせ高いびきでもかいて寝てますよ」

「いや、しかし……あっ」

説得しようとしたところで、彼女は再び泣き出し、椅子から立ち上がりざま抱きついてきました。

ふっくらした胸のふくらみを押しつけられ、柔らかい弾力感や髪と首筋からただよう甘い匂いにしばしポーッとしたことは、いまでもはっきり覚えています。

ジャンパーが床に落ちても、私は棒立ち状態のまま惚けていました。

あのときはかなり深酒をしており、正常な判断能力に欠けていたのかもしれません。

恥ずかしながら胸のときめきを抑えられず、悶々とすると同時に股間の逸物がピクリと反応しました。

おそらく、五分近くはそのまま抱擁《ほうよう》していたのではないかと思います。

すすり泣きがやんだとたん、驚くべき言葉が耳に飛び込みました。

「いいわ、私だって浮気してやるんだから」

「……え!?」

「このままじゃ納得できないし、いまは男女平等の世の中なんだから、私が浮気したって、責められることじゃないですよね？」

　正直、あせりました。

　彼女がヤケになっているのは明らかで、いくら旦那さんに非があるとはいえ、同意などできるはずがありません。それ以上に、彼女が浮気に手を染めるようなことは絶対に阻止したいという気持ちに衝《つ》き動かされました。

「い、いや、そういう極端な考え方は……」

　言いかけて、私は想定外の出来事に言葉を呑み込みました。

　何を思ったのか、留美子さんはいきなり顔を上げ、私の唇に吸いついてきたんです。

「んっ、んぷっ」

　あまりの驚きに身が硬直してしまい、振り払うことができませんでした。

　離婚後は女性との交際経験はなく、一時期風俗にハマった時期もありましたが、もう十年以上利用していません。

　それでも忘れかけていた牡の本能がよみがえり、とたんに下腹部がムラムラしました。

　相手が魅力的な女性なのだから、なおさらのことで、ありえない状況にまともな理性が一瞬にして吹き飛びました。

夢ではないのか、幻を見ているのではないか？

柔らかい唇の感触にとまどう中、今度は口の中に舌を入れられ、心臓が張り裂けそうなほど高鳴りました。

「ンっ、ンっ、ンっ」

彼女は鼻を鳴らして舌を絡め、ねっとりした唾液を送り込みました。さらには激しく吸い立てられ、頭の中が瞬時にしてバラ色に包まれてしまったんです。

全身の血が逆流し、まがまがしい思いに駆り立てられるや、パジャマズボンの下のペニスがむくむくと頭をもたげました。

しかも中途半端な勃起ではなく、若い時分に戻ったときのような昂りだったんです。

あわてて腰を引こうとしたものの、留美子さんは私のウエストに手をしっかり回しており、こわばったペニスは自然とふくよかな下腹部に押し当てられました。

「む、むうっ」

情熱的なキスに意識が朦朧《もうろう》とするころ、ようやく唇が離れ、私は大きな溜め息をつきました。

「やだ……あたし、管理人さんとキスしちゃった。これで、私の浮気相手になってくれますよね？」

「はあはあっ……いや、それは……」

激しい息継ぎを繰り返していると、先ほどまで泣いていたはずの美熟女はクスリと笑って言いました。

「ふふっ、頬が真っ赤。管理人さん、かわいい」

「か、かわいいって、私はあなたより……ずっと年上ですよ」

声は完全に上擦り、涙で目の前が霞《かす》み、かなり動揺していたはずです。

彼女は、下腹部のこわばりに気づいていたようで、私の股間を見おろすと、口元に小悪魔っぽい笑みを浮かべました。

「すごいわ……管理人さんの歳でも、こんなになるんだ」

「あ、うっ」

股間をいじり回されると、心地いい快感が背筋を駆け抜け、もはやまともなモラルは働きそうにありませんでした。

あのときは美しい年下の女性を抱けるのではないかと、甘い予感が絶えず頭の中を駆け巡っていたんです。

「……コチコチ」

「むふっ」

本来なら男の私が積極的にリードするべきなのでしょうが、最初から最後まで留美子さんの為《な》すがまま。もしかすると、そういった控えめな態度が母性本能をくすぐったのかもしれません。

彼女は余裕たっぷりの表情で腰を落とし、パジャマズボンをトランクスもろとも引きおろしました。

「あ、そ、そんな……ひっ」

勃起したペニスが反動をつけて跳ね上がり、恥部が余すことなくさらけ出されました。まさかこの歳になって、自分よりはるかに年下の女性の目の前で陰部をさらすとは夢にも思っていませんでした。

「きゃっ、すごい！」

「み、見ないでください」

すかさず股間を隠そうとしたものの、留美子さんは手首をつかんで阻止したんです。猛烈な羞恥心が私をさらなる官能の世界に引きずり込み、心臓の鼓動が極限まで跳ね上がりました。

「管理人さんの、すごく大きいわ。若いときは、女の人を泣かせたんでしょ？」

「そ、そんなこと……」

実際の私は、浮気などできるような甲斐性はありません。

それにしても、美しい熟女が私のような老人相手にこれほど積極的に迫ってくるとは、とても信じられませんでした。

旦那さんに対して、よほどの鬱憤が溜まっていたのか。それとも、もともと淫乱の血が流れているのか。

いずれにしても、私は突っ立ったまま、ぽけっとした表情で留美子さんを見つめるばかりでした。

「あ、おおっ！」

ほっそりした指先が根元から裏茎を這った瞬間、内股の体勢から大きな声を張りあげました。

「やぁン、かわいい反応だわ」

「はあはあはあっ」

「なんか、ホントにその気になってきちゃった」

「むふっ」

今度をペニスに息を吹きかけられ、腰をひくつかせると、イチゴ色の舌が突き出されました。

目を見開いた直後、彼女は赤い唇のすき間から大量の唾液を滴らせたんです。

「あ、ああっ」

「もう……いちいち大きな声、出さないで」

「す、すみません」

ペニスにゆるゆるとまとわりつく透明な粘液を目にしただけで、心臓が口から飛び出そうなほど昂奮しました。

留美子さんは舌先でカリ首や縫い目をなぞったあと、陰嚢を手のひらで転がし、やがて亀頭をゆっくり咥え込んでいったんです。

「ンっ……ン、ふぅ」

「お、おう」

驚いたことに、熟女はいきり勃った逸物を根元まで呑み込み、喉の奥で締めつけてから顔を引き上げました。

胴体にべったり張りついた赤いルージュの、なんといやらしかったことか。

リズミカルなスライドが開始され、今度はじゅっぷじゅっぷと響き渡る淫靡な水音が聴覚を刺激しました。

「ンっ！　ンっ！」

「はふっ、はうぅっ」

全身の細胞が歓喜の渦に巻き込まれ、私は凄まじい快感に両足をぶるぶるふるわせました。少しでも油断すれば膝から崩れ落ちそうになり、頭に血が昇りすぎて失神してしまうのではないかと思ったほどです。

顔の打ち振りのピッチが徐々に上がると、私は知らずしらずのうちに腰をくねらせ、熱い吐息を途切れなく放っていました。

「はあはあっ、はぁぁっ」

腰の奥が甘美な鈍痛感におおい尽くされ、まるでポンプで精液を吸い上げられるような感覚だったでしょうか。

柔らかい唇がカリ首を強烈にこすり上げた瞬間、頭の中で白い火花がバチッと弾け、私はとうとう我慢の限界を訴えました。

「あ、あ……も、もう出ちゃいます」

「だめよ、こんなんで出しちゃ」

「出る……あ、あぁっ」

まさに放出寸前、留美子さんはペニスを口から抜き取り、甘く睨みつけました。

タイミングよく寸止めされたとき、私は泣きそうな顔をしていたのではないかと思います。

「これじゃ、旦那に復讐したことにならないわ……まだ浮気してないんだから」

「はっ、はっ、はっ」

「いつも、あの戸の向こうの部屋で寝てるのね？」

肩で息をする中、彼女はすっくと立ち上がり、私の手首を摑んで歩きはじめました。

ズボンとパンツを足元に絡めたままなのですから、思い出しただけでも恥ずかしい格好です。

引き戸が開けられたとたん、突拍子もない言葉が耳に入りました。

「まあ、布団が敷いてある……あ、そうか、管理人さん、寝るところだったんだ」

留美子さんは振り向きざま私を上から下まで見つめ、ようやくパジャマを着ていることに気づいたようです。

どんな服装をしているのかもわからないほど感情的になっていたなんて、いまだに信じられないのですが、あっけらかんとした性格も彼女の魅力の一つだったのかもしれません。かけ布団がめくられたあと、美熟女はブラウスのボタンをゆっくりはずしていきました。

その間、私は何度も生唾を飲み込み、彼女の姿を瞬《また》きもせずに見つめていたと思います。

「やだ……見てないで、管理人さんも脱いで」

「は、はいっ！」

我に返るや、パジャマと下着をすべて脱ぎ捨てて素っ裸になり、ひたすらときめきの瞬間を待ち受けました。

ところが、留美子さんはブラウスをなかなか脱ごうとせず、恥ずかしそうに身をくねらせたんです。

「やっぱり……ちょっと恥ずかしいかも」

「……え？」

「だって、これからも顔を合わせなければならないのに」

たぶん、こちらがおあずけをくってがっかりしている表情を見て楽しんでいたのではないかと思います。

彼女はまたもやクスリと笑うと、スカートの下に手をもぐり込ませ、黒いパンティをするするとおろし、足首から抜き取りました。

私の全神経は女の園だけに注がれていました。スカートをめくれば、もう美熟女の陰部がすぐにでも拝めるんです。

昂奮した私は、鼻の穴を目いっぱい広げて身を乗り出しました。

彼女がシーツの上に腰をおろし、少しずつ足を広げていくと、すぐさま四つん這いの体勢からあそこをのぞき込みました。

楚々とした恥毛の下に可憐《かれん》な花びらがぱっくり開き、中心部はすでにうるおっていました。

甘すっぱい匂いがふわんとただようや、私は一も二もなくかぶりつき、とろみの強い愛液をじゅるじゅるとすすり上げたんです。

「あ、やぁン」

留美子さんは後ろ手をつき、さらに美脚を大きく広げました。

ねっとりした粘膜を舐め立て、クリトリスを舌でこね回し、私にとってはまさに至福の瞬間だったでしょうか。

ペニスは萎えることなくそり勃ち、結合を待ちわびて脈打ちました。

「あぁ、も、もう！」

ついに我慢の限界を迎えた私は、そのまま彼女にのしかかり、滾《たぎ》るペニスを濡れた割れ目にあてがいました。

「はぁ、管理人さん、きて」

色っぽい声で誘いをかける留美子さんを見おろしながら腰を突き出すと、柔らかい媚肉が先端をしっぽり包み込みました。

ペニス全体を膣内に埋め込んだときの感動は、いまだに忘れません。

腰を使わずとも、ぬめぬめの粘膜がさざ波状にうねり、ペニスをやんわりもみしごいてくるんです。

「管理人さんの……すごく逞しいわ」

お世辞だとはわかっていましたが、そのひと言がうれしくて、私はしょっぱなから腰を猛烈な勢いで打ち振りました。

「あ、あぁ、激し……」

「お、奥さん!」

突けば突くほど快感が増し、天国に舞い昇るような浮遊感に包まれました。

あのときは、本気でこのまま死んでもいいと思ったほどです。

私は赤い唇に吸いつき、がむしゃらに腰を前後させました。そして、あっという間に頂点へと達してしまったんです。

「あ、くっ、で、出る!」

「いいわ、出して、そのままいっぱい出して!」

「イクっ、イクっ、ぬ、おおぉっ！」

ガツンと腰を繰り出したあと、私は久方ぶりに男子の本懐を遂げました。

しばらくの間抱き合い、シャワーを浴びたあとに再び肌を合わせ、そのときは男としての自信に満ち溢れました。

留美子さんはようやく気持ちが落ち着いたのか、翌日の朝早くに帰っていきましたが、ほかの住人に気づかれるのではないかとハラハラしました。

管理人ともあろうものが、欲望の赴くまま住人の人妻と背徳の関係を結んでしまったのですから……。

その後、彼女は離婚をすることにはならなかったようで、顔を合わせてもただ挨拶を交わすだけの日々を過ごしており、あの夜の出来事は現実に起こったことなのかと思うときがあります。

私のほうは、美熟女との激しいセックスが忘れられず、いまだに悶々としたまま。かすかな期待を胸に抱きつつ、彼女からの誘いを待ちつづけているんです。

失業と離婚で高齢引きこもりになった惨めな男を救う近所のバツイチ熟女

藤沢一男　無職　六十歳

思えば、ツイてない人生だったと思います。

還暦を過ぎようという年齢なのに、仕事も女もないのですから。

元は自営業で、結婚もしていましたが、私の仕事がうまくいかなくなって離婚しました。ようは逃げられたのです。以来私は東京を離れ実家に寄生して暮らしていて、いい歳をして引きこもり、それも高齢引きこもりとして世間どころか親族からも白い眼で見られながら、この年齢に達してしまったのです。

実家では両親と、長男である私の兄とその奥さんとその子どもたちの二世帯が同居しています。そこに、食い詰めた私が転がり込んできたという格好です。

私の兄は田舎の公務員で、私と違いまともな人生を歩んできた男です。

性格も正反対で仲も悪く、家の中で私を見ると汚いものでも見るような目をするのです。そのせいで私はますます部屋にこもりがちになるという悪循環でした。

そんな私の殺伐とした日常の唯一のオアシスが、明日香《あすか》ちゃんでした。

彼女は、隣りの家の一人娘で今年で三十四歳になります。

明日香ちゃんと私は、昔から仲よしなのです。彼女のことなら私は、生まれたときからよく知っています。まだ赤ちゃんのころから目鼻立ちがくりっとしていて、まるでアイドルのようでした。いえ、自分にとってはアイドルも同然だったのです。

子どものころは町内会などの行事にいっしょに行って、面倒を見てあげました。東京に出たあとも帰省すると、いつも彼女と遊んでいました
でも明日香ちゃんの親たちは、あまりそのことを快《こころよ》く思っていませんでした。

彼女の親たちも、私の親や兄と同じ、田舎の保守層です。

どちらかというと「あんなふうになるんじゃありませんよ」と私を指さして明日香ちゃんに説教をするような、そんなタイプです。

でも明日香ちゃんは、自分の親とは正反対で自由気ままに生きている私のことを慕《した》ってくれて、いつもなついてくれたのです。

私がどれくらい彼女のことを好きだったかというと、彼女が結婚したときに相手の男を本気で憎んだほどです。内心、破談になればいいと思っていました。

そんな私の願いが天に通じたのか、去年結婚十年目にして、明日香ちゃんは離婚に至ったのです。

彼女の親たちは落胆していました。でも私は、出戻った明日香ちゃんとまたお隣りさんになれたことが、うれしくて仕方なかったのです。

「お兄ちゃん、また来たよ」

そう言って、彼女はほぼ毎日、私の部屋に遊びにきました。

明日香ちゃんと私は、以前にもまして仲よしになりました。お互い田舎では、肩身の狭いバツイチであるという仲間意識もあったかもしれません。

それに、この界隈で昼間から家でブラブラしているのは、彼女と私だけなので、必然的に二人きりで遊んだりする機会が増えたのです。

明日香ちゃんは昔どおりに、私のことを「お兄ちゃん」と呼んでくれます。

もうオジサンを通り越してジジイの年齢なのに、いつまでも「お兄ちゃん」と呼ばれるのがうれしくて、私も前にも増して明日香ちゃんに好意をもつようになりました。

ある日、いつものように私の部屋で寝転んでネット漫画を読んでいた彼女が、不意に私にこんなことをたずねてきました。

「ねえ、おじさんは再婚とかしないの？」

私は口ごもりました。

「もうこんな年齢だし……」

「どうして？　もうエッチとか、したくない？」

私は目を丸くしました。自分の中ではいつまでも子どもだと思っていた明日香ちゃんから性的な質問をされて、どぎまぎしてしまいました。

彼女はニヤニヤしながら、なおも追い打ちをかけてきます。

「ねえ、最後にエッチしたのって、いつ？」

「いつって……離婚してからは、してないよ」

私はうつむいて答えました。

実際には、離婚するずいぶん前からセックスをしていません。実は性欲が減退して勃起しなくなったことも、離婚の原因の一つだったのです。

そんなことを知らない明日香ちゃんは、なぜか興味津々になって、私の性欲の話を根掘り葉掘りたずねてきます。

「ねえ、ムラムラしないの？　風俗とか、行きたくならないのかな？」

私は観念して答えました。

「いや……もう勃たないんだよ……ムラムラしても、大きくならないんだ」

ここまで言えば、もう追及してこないだろうと思ったのに、逆効果でした。

「ええ？　どうして？　勃たないのに、ムラムラはするの？　ねえ、ねえ」

明日香ちゃんは身を乗り出して私に詰め寄ってきます。

男の体のメカニズムに対する、純粋な好奇心のようでした。

「仕方ないんだよ……男はこの年齢になると……」

「あたし、お兄ちゃんよりもっと年上の人と、したことあるよ」

明日香ちゃんの一言は、衝撃でした。旦那とは別に、そんな体験までしていたなんて……しかし彼女は、そんな私の気持ちも知らずにこう言います。

「じゃあ、見せてよ。私が、お兄ちゃんが元気になる手伝いをしてあげる」

彼女は、私のズボンに手をかけてきました。

「うわっ……よ、よせよ」

「昔はいっしょにお風呂にも入った仲じゃない」

明日香ちゃんは、どうにも積極的です。

たしかに、彼女が幼いころにはお風呂に入れてあげたこともありました。しかし、いまの明日香ちゃんの成熟した三十路の体は、あのころとは大違いです。

むっちりとして押し出しが強く、体格もけっこういいのです。もしかしたら、しょぼくれた還暦男の私より、力が強いかもしれません。

そんな明日香ちゃんの押し出しの強さに負けて、とうとう私はズボンを脱がされて自分のものを出してしまいました。

こんなのが家族や、近所の人にバレたら……私は気が気ではありませんでしたが、彼女は無邪気なもので、チ○ポに指を伸ばしてきました。

「やっ……き、汚いよ！」

私は狼狽《ろうばい》しましたが、明日香ちゃんは唇に人差し指をあてました。大きな声を出すと、近所の人にバレるという意味でしょうか。

「へえ……」

明日香ちゃんは、自分の指先をまとわりつかせるように私のチ○ポにふれ、少し笑顔を浮かべながら感嘆したようなため息を洩らしました。

私は情けなくなりました。彼女のようなかわいい女性にさわられているのに、微動だにしない自分のチ○ポが、みじめだったのです。

明日香ちゃんはチ○ポに絡ませた指を、ゆっくりと動かしはじめました。

初めのうちはやわらかい全体をもみほぐすように、やがて手を筒状にして、それでチ○ポを縦にしごくような動きにしてきました。

「ん、あ、ふう……」

私の口から、思わずおかしな声が洩れました。

この時間、家にいるのは明日香ちゃんと私だけのはずです。それでも誰かがどこから見ているような気がして、つい声を押し殺してしまうのです。

でも、そのスリルがたまりませんでした。

いい歳をしておかしな話ですが、隠れて悪さをする、子どもじみた遊び心を刺激されて、なんだか妙に楽しいのです。

「うーん、やっぱり大きくはならないねえ……」

彼女が、落胆したような声を出します。

でも、ふくらみこそしないものの、気持ちよさはあったのです。

大好きな明日香ちゃんにふれられているだけでもうれしいし、私のために役に立とうと思ってくれているけなげな心もうれしかったのです。もっとも、彼女のほうは好奇心だけだったのかもしれませんが……。

「も……もしかしたら……」

私は口ごもりながらも、言いました。

「定期的に、こうしてさわってもらえたら、また勃起とかするかもしれない……」

それを聞くと、彼女はケラケラと笑い、こう言いました。

「わかった。お兄ちゃんが再婚できるように、私がこれから部屋に遊びにきたときにはマッサージして、治してあげる」

明日香ちゃんは、約束どおりにしてくれました。それからずっと、家に人がいないときにはチ○ポをいじってくれたのです。

いつもチ○ポには直接ふれてくれました。私も彼女が来るときには、下半身を清潔にするように心がけました。嫌われたくなかったからです。

「早く、早く、大きくなあれ」

明日香ちゃんは、私のチ○ポをしごきながら、そんなことを言いました。

自分のチ○ポが彼女のおもちゃにされているみたいでしたが、それは悪い気分ではなかったのです。

明日香ちゃんは、マッサージのたびに私に大胆に密着するようになりました。恋人同士のように横に座って体をくっつけ、私の股間に手を伸ばすのです。

彼女の体のいい匂いがして、とても興奮しました。気持ちはいいのですが、あと一歩のところでふくらみきらないのです。

それでも彼女は献身的に、こんな老人のチ○ポをいじりつづけてくれたのです。

「ネットでこんなのを買ったよ」

ある日そう言って、明日香ちゃんはローションを持ってきました。

「ねえ、見て、媚薬成分も入ってますだって」

そう言ってケラケラと笑う姿は、子どものころそのままです。

もしかしたら彼女は、私といっしょにいることで自分がいつまでも子どものままでいられるのが、心地よいのかもしれません。

「これを、塗ればいいんだよね？」

明日香ちゃんはそう言って、私の下半身を裸にしました。そしてローションを左右の手に出してなすりつけて、私のチ○ポを包み込むようにつかんだのです。

「んうっ……！」

温めてないローションをいきなりチ○ポに塗られて、私は全身をビクッとふるわせました。そんな私の様子を見て、彼女はうれしそうに笑います。

「感じた？　気持ちいいの？　今日は勃つかなあ？」

それまでのマッサージと違って、ローションというおもちゃがあるせいか、彼女のテンションは上がっていました。

そして実際、ヌルヌルというローションの感覚は悪くなかったのです。

いつもより、少しだけふくらんでいる感じもありました。

「ねえねえ、熱くなってるよ……？」

明日香ちゃんが、熱心に手を動かします。すでにこんな秘密のマッサージを始めて数週間が経っていて、彼女の手の動きもうまくなっていました。

「あ……勃ってる……」

チ○ポをつかんだ明日香ちゃんの手が止まりました。彼女も、少しとまどうというか、興奮しているような感じがありました。

そのあとは無言で、ひたすら私のチ○ポをもみつづけました。

これって……イキそうになってるのか……？

何年振りかでチ○ポが硬くなり、頭をもたげていました。亀頭が一回り以上ふくらんだとき、彼女の指の動きが止まりました。

「今日は、マッサージ、ここまで」

明日香ちゃんは一方的にそう宣言すると、手についたローションをぬぐって、そそくさと私の部屋を出ていきました。

もしかして、嫌われたかな……。

もともと、私のインポ治療のために彼女の提案で始めたこの秘密の遊びでしたが、実際に勃起した私に引いてしまったのかと思ったのです。

もう明日香ちゃんは、自分の部屋に来ないかもしれないと思いました。

私は勃起してしまったことを、激しく後悔しました。勃起しなければ、この秘密の遊びをずっと続けられたのに……。

しかし、数日後、いつもよりは少しインターバルが開きましたが、再び彼女は私の部屋に遊びにきてくれました。

「今日は、特別なことをしてあげる……」

明日香ちゃんは私にそう言って、ズボンに手をかけてきました。

なんだか、いつもと少し雰囲気が違います。目つきが真剣で、覚悟を決めたみたいにものものしい雰囲気なのです。

「あっ……！」

私は思わず声を出してしまいました。

明日香ちゃんが、露出した私の下半身にいきなり顔を埋めてきたのです。気がついたときには、すでにチ○ポは彼女の口の中におさまっていました。

これは衝撃でした。いくらローションまで使ったとはいえ、ここまでは一線を超えてない状態でした。しかしフェラチオは、立派な性行為です。

子どものころから知っていて、本物の肉親のように思っていた明日香ちゃんに、こんなことまでされるなんて……。

頭の中が真っ白になりました。しかし、そのショックが手伝ったのか、私のチ〇ポは再びガチガチになったのです。

先日のローション責めのときの比ではありません。しっかりと中に芯棒が通ったように、ゆるぎない硬さを取り戻したのです。

「んぶっ、ぷはあ……！」

口の中で急激に大きくなったチ〇ポに驚いて、彼女が口を離しました。

「びっくりした……」

明日香ちゃんは、さっきまで自分の口の中にあったチ〇ポを、まじまじと見つめてきました。そして指先で、ツンツンと亀頭にふれたのです。

「これが本当の姿だったんだねえ……」

誰に言うともなく、彼女はそうつぶやきました。

明日香ちゃんの顔が、それまでの興味本位から、女の表情に変わっていきます。

「ねえ、私にこれ、ちょうだい」

明日香ちゃんが、昔から私におねだりするときには言い出したら聞かないことを思い出しました。でも、私は勃起してもなお、不安がありました。

「セックスで最後までイケるのかどうか、ずっとしてないから、自信がない」

私はうつむいてそう言いましたが、彼女はどこ吹く風です。

「だから、私に任せておけば、だいじょうぶだって」

明日香ちゃんは、私の体を部屋の床の上に押し倒しました。

「うわっ……」

驚く私の目の前で、彼女は自分から服を脱いでいきました。

私は生唾をゴクリと飲み込みました。

明日香ちゃんの健康的な肢体は、想像以上でした。

彼女は子どもを産んでいないので、スタイルは高校時代と変わらないくらいにととのっていました。胸は、Dカップ以上はあると思います。だけど腰回りはすっきりしているので、くびれがしっかりあるのです。

肌もきれいです。二十代の体といっても、通用するかもしれません。

「すっごく、ジロジロ見てる……」

うろたえる私をからかいながら、彼女はあっという間に生まれたままの姿になりました。そしてあおむけになった私の勃起チ○ポの上に、自分から腰をおろしていったのです。

「んっ……ここかな……」

手で私のチ○ポをつかんで、自分のマ○コへと導いていきます。これまでの数週間ずっとマッサージしていたチ○ポなので、扱いが妙に慣れています。

これが……明日香ちゃんのマ○コ……！

はっきり言って、私は感動していました。思えば、彼女が生まれてから三十四年間もこうなりたいと思っていた念願が、かなったのです。

明日香ちゃんはチ○ポを体に入れたまま、私のシャツを脱がしてきました。

そして、露出した私の乳首に吸いついてきたのです。

「うっ……ん」

私の反応を、彼女は愉しんでいます。

「男の人も、乳首は気持ちいいんでしょ？」

年下の娘に翻弄《ほんろう》されっぱなしですが、それがこの上ない快感でした。

明日香ちゃんは、Dカップのおっぱいを私に押しつけながら、自分で腰を動かしはじめました。上下というよりは、前後にスライドさせるのです。マ○コの中のチ○ポが不自由な角度に動かされて、でもそのせいですごく刺激が強くて気持ちいいのです。

「あ……明日香ちゃん……！」

私は彼女の背中に両手を回し、お尻のほうまで動かしました。

弾力のあるお尻の感触を手のひらに味わっていると、彼女の中でチ○ポがさらに一回り大きくなるかのようでした。

「んっ……お兄ちゃん、お尻が好きなの……？」

明日香ちゃんはそう言うと、マ○コにチ○ポを咥え込んだまま下半身を浮かせて、体を反転させせました。私のほうにお尻を向けてくれたのです。

「うあ、おお……！」

私は興奮で鼻息が荒くなりました。真ん丸なヒップが目の前にあって、その割れ目の奥には自分の勃起チ○ポが呑み込まれているのです。

「明日香ちゃん……！」

「ああんっ！」

私は我慢できなくなって、明日香ちゃんを後ろから抱きかかえながら、体を起こしました。そして彼女の両手を床に突かせて、バックで責めたのです。

とてつもない征服感を覚えました。この何週間もの間、ずっと彼女に主導権を握られていた鬱憤を晴らすように、私は腰をピストンさせせました。

もう還暦になる、ついこの間までインポ状態だった男とは思えないほど、体に力がみなぎって止まりませんでした。腰が、自分のものではないみたいです。

「すごい、気持ちいい……お兄ちゃん、すごい……!」

もう近所の目も何も関係ないくらい、大きな声で明日香ちゃんが悶えます。

溜まりに溜まった何年分もの精液が、チ○ポの奥にグツグツと煮えたぎってくるのを感じました。それがコントロールできないくらい押し寄せてきた瞬間、私は彼女の丸いお尻を両手でしっかりとつかんで、自分の腰に引き寄せました。

「明日香……ちゃん……!」

大量の精液が彼女の中に発射されました。チ○ポの内側を通り抜ける濃厚な精液の感触、彼女に包まれた外側の感触は、まさに天国でした。

それからも、明日香ちゃんと私は、二人だけの秘密の関係を誰にも知られずに楽しんでいます。

定年退職した私の送別会の帰り道……会社のマドンナと一夜を共にした奇跡

中山　浩　無職　六十五歳

私は先月、定年退職しました。その最終日の出来事です。

その日は、同じ課の人たち十数人が私の送別会を開いてくれました。みんないい人ばかりで、私は仲間には恵まれたと思います。明日からはもうみんなと顔を合わせることもないのかと思うと、むしょうにさびしい気持ちになってしまうぐらいでした。だけど私には、一つだけ思い残すことがあったんです。それは一度もオフィスラブを経験できなかったことでした。

毎日顔を合わせるかわいいOLと、同僚たちの目を盗んで肉体関係を結ぶ。その翌日には、会議中に二人だけでアイコンタクトをしたりして、前夜の情交を思い出しながら興奮する。そんな経験を一度はしてみたかったのですが、まじめなだけが取り柄のサラリーマンだった私には、オフィスラブなんて夢のまた夢だったのです。

その日も、私の隣や前に座るのは男性社員ばかり。まあ、男同士、ざっくばらんに盛り上がるのも楽しいのですが……。

そして、最後に花束をもらい、送別会はお開きになりました。二次会にも誘われましたが、みんなが楽しく盛り上がっているうちに私は退散することにしました。

二次会に行く人たちと別れて駅に向かっていると、背後から名前を呼ばれました。振り返ると、そこには同じ課の後輩である杉田早希《すぎたさき》さんが、アルコールでほんのりと顔を赤くほてらせ、走ってきたのか少し息を切らしながら立ってるんです。

彼女は四十代前半ぐらいで結婚もしているはずなのですが、昔のアイドル歌手のような清純さを漂わせていて、職場のマドンナ的存在です。

特に年配の男性社員たちには彼女のファンが大勢いました。そういう私も、以前から彼女には好意を持っていました。

だから、送別会で話ができることを期待していたのですが、彼女は少し離れた席に座っていたので、結局まったく言葉を交わすこともできなかったのです。

といっても、それはいつものことでした。彼女はもともとおとなしい女性で、私も自分から話しかけるタイプではないので、会社でもほとんど話をしたことはなかったのです。

そんな彼女が走って追いかけてきてくれたので、さっきの店に何か忘れ物をしたのかなと思い、私はたずねました。

「杉田さん、どうしたの？　ぼく、何か忘れ物をしちゃったかな？」

「……忘れ物？　そうですね。私、もう少し中山《なかやま》さんとお話がしたくて。さっきのお店では、ほかの人たちに話しかけられて席を移動することもできなかったんで……」

そう言って、早希さんは恥ずかしそうにうつむいてしまうんです。

確かにこれは忘れ物です。最後に彼女と二人の時間を過ごす。それは私にとっては、定年退職よりも重要なイベントだったのです。

「ありがとう。ぼくも、杉田さんと話がしたいと思ってたんだ。ちょっと寄っていこうか」

私は彼女と近くのバーに入り、カウンター席に座りました。店内にはジャズがかかっているのですが、少しボリュームが大きすぎるために、話をしようとするとどうしても距離が近くなります。

彼女の耳元に唇を近づけると、控えめな香水の匂いがして、私は体が熱くなってしまうのでした。

「私、入社してすぐのころ、右も左もわからない状態でとまどっていたら、いつも中山さんが助けてくれて、すごく感謝していたんです」

「そうだったっけ？」

確かにそんなこともあったかもしれません。だけどそれは、やっぱり下心があったような気がするんです。彼女が入社したころは、私もまだ四十代で、元気が満ち溢れていましたから。

「私、失敗続きで会社に行くのがいやになったこともあったんですけど、そんなとき、中山さんの顔を思い浮かべて、会社へ行けば中山さんに会えるからって自分を励まして出勤していたんです」

彼女はハイボールの入ったグラスを見つめながら、そんなことを言うんです。まさか、早希さんが自分に対してそんな感情を持っていたとは思ったこともありませんでしたから、私の中にわき上がるのはうれしいという感情よりも驚きばかりでした。

そうやって話している間も、彼女の腕が私の腕にずっとふれているんです。最初は気づいていないのかなと思いましたが、どうやらわざと腕をふれさせているようでした。その証拠に、彼女は少しずつ私に寄りかかってくるんです。

彼女が私を求めてくれている。オフィスラブは経験したことがありませんでしたが、そのことははっきりとわかりました。

私が定年退職してしまうので、チャンスは今日しかありません。そのために彼女は勇気を出そうとしてくれているようでした。それなら、男である私も勇気を出さなければいけません。

「杉田さん」

私が名前を呼ぶと、彼女はあわてた様子で体を離しました。

「すみません。私、酔っちゃったかも」

「それなら、どこかで少し休んでいきませんか？」

「えっ、休む？」

「あ、いや。酔った状態で混んでる電車に乗るのもたいへんだろうから」

私があわててつけ足すと、彼女はほっと息を吐き、安心したように言いました。

「そうですね。じゃあ、そうさせていただこうかな」

彼女も、もういい大人です。どこかで休むというのが、どういうことを意味するのかはわかるはずです。そのことに気づかないようにふるまうのは、彼女が既婚者だからでしょう。

もちろん私も彼女に合わせて、直接的なことは言わずにいっしょに店を出ました。だけど、ホテルを探して歩きながら私がそっと彼女の手を握ると、彼女も握り返してくるんです。

私たちは一瞬だけ見つめ合い、にっこりと微笑み合いました。幸せすぎる時間です。いつも職場で盗み見ていた彼女と手をつなぎ、微笑み合う。しかも、私たちは二人っきりになれる場所に向かっているのです。

長い間、まじめにサラリーマン生活を続けてきたご褒美のように感じられました。

私たちは最初に目についたラブホテルへチェックインしました。そして、部屋に入ってドアを閉めると、すぐに私は彼女を抱き締めました。服を着ていても、彼女の乳房の弾力とやわらかさがはっきりと感じられるんです。

「杉田さん、好きだよ」

私が言うと、彼女は少し悲しそうな顔をしました。

「今日だけは名前で呼んでもらえませんか？　早希って」

杉田というのは彼女のご主人の名字なのです。その名前を呼ばれながらだと、罪の意識が強くなってしまうのでしょう。

「わかった。早希さん、好きだよ」

抱き締めたまま私があらためて言うと、彼女も私の目を見つめながら言いました。

「中山さん、好きです」

そして、私たちはゆっくりと顔を近づけていき、口づけを交わしました。

彼女の唇は想像以上にやわらかくて、とても気持ちいいんです。私はそのやわらかさを堪能するように軽く唇を重ねる程度のキスを数回繰り返してから、彼女の口の中に舌をねじ込みました。

「はあう……ううう……」

とまどったような吐息を洩らした彼女でしたが、私が彼女の口の中を舐め回していると、いつしか彼女のほうから舌を絡めてきました。

「ううっ……うう……」

おとなしい印象のあった彼女のその積極的なキスに、私の興奮はさらに高まっていきました。だけど、キスをしながらスカートをたくし上げて下着の中に手を入れようとしたとき、彼女は私からパッと離れてしまったんです。

「どうしたの？」

「シャワーを浴びさせてください。今日は一日、会社で仕事をして、汗もかいちゃったし」

もちろん、私は彼女の願いを聞き入れました。あせっても碌《ろく》なことはありません。それに体をきれいにしておいたほうが、彼女も大胆になれるだろうと思ったんです。

彼女がシャワーを浴びている間、私は部屋の中を見て回りました。ラブホテルは久しぶりだったので、十代の若者のように興味津々だったのです。

枕もとにはコンドームが二つ置いてありました。それを見て思いました。私ももういい歳なので、一晩に二回は無理でしょう。それなら一発入魂です。幸いなことに、勃起しないということはなさそうでした。実は、もうすでにズボンの中で硬くなっていたんです。

浴室のドアが開く音がして振り返ると、彼女がバスタオルを体に巻いただけの姿で立っていました。マイクロミニのチューブトップ・ワンピースを着ているような感じで、剝き出しの肩と肉感的な太ももがすごく色っぽいんです。

「中山さんも、どうぞ」

「うん。すぐ戻ってくるからね」

私はシャワーを浴び、ペニスをきれいに洗いました。それはほんとうに自分でも驚くほど力をみなぎらせているんです。

思い返してみると、妻以外の女性とセックスをするのは、もう四十年ぶりぐらいです。童貞の若者と同じぐらい興奮するのも、無理はないでしょう。

私は大急ぎで体をふくと、腰にタオルを巻いて部屋に戻りました。

「お待たせ」

「早いですね」

「うん。早希さんと早く楽しみたいって、こいつが催促するんだ」

そう言って、私はバスタオルをはずしました。

「はぁ……すごい……」

彼女はまぶしそうに目を細めているものの、視線はしっかりとペニスに向けられています。彼女も結婚してすでに十年以上はたっているので、ご主人との間の夜の夫婦生活はそれほど多くないに違いありません。

「早希さん、しゃぶってもらえないかな」

私は彼女に向かって腰を突き出しました。

「で……でも……恥ずかしいです」

「いいじゃないか。早希さんのことを思いながら、こいつはこんなに元気になってるんだから」

下腹部に力を込めてペニスをビクンビクンと動かして見せると、彼女の喉がゴクンと鳴りました。

「あっ、いやだ……でも、私のことをそんなに思ってくれているんだったら、気持ちよくしてあげないとダメですよね」

そう自分に言いわけするように言うと、彼女は私の前に膝をつき、ペニスをそっとつかみました。そして先端を自分のほうに引き倒し、亀頭をぺろりと舐めるんです。

「おおっ……」

一気にペニスが熱くなり、私は変な声を出してしまいました。そんな私の反応がおもしろかったのか、クスッと笑ってから彼女はペニスを口に含みました。

そして口の中の粘膜でねっとりと締めつけながら、首を前後に動かしはじめました。その間も彼女は、ずっと上目づかいに私の顔を見つめているんです。それはとんでもなくエロティックな眺めでした。

清純派の彼女が私のペニスを咥えているというのが、肉体に受けるフェラチオの快感を何倍にもしてしまうんです。おまけに勢いよく首を前後に動かしはじめると、胸元で留めてあったバスタオルがはらりと落ち、乳房が丸見えになってしまいました。

その乳房は想像以上の大きさで、色は白くて、乳首がツンとがっている、きれいな釣り鐘型なんです。フェラチオの動きに合わせてゆさゆさ揺れる様子も、私を猛烈に興奮させてしまうのでした。

「ぷふぁぁ……中山さんのこれ、どんどん大きくなってきちゃう」

彼女は潜水していた人が水面に顔を出したときのように息を吸うと、あきれた様子でペニスを見つめました。確かに自分でもあきれてしまうほど、ペニスは硬く大きくなっていました。こんなに力がみなぎるのはいつ以来だろうと考えてしまうほどです。

だけどその元気さは、女性にはうれしいことのようでした。彼女は愛おしそうにペニスを見つめると、またパクッと口に含み、今度は舌を絡めるようにしてねっとりとしたしゃぶり方をするんです。

ふだん、職場で見かける彼女からは想像もできない姿です。そして、そのギャップが私の性感を一気に高めるんです。気がつくと、ペニスがピクピクと細かく震えはじめていました。限界がすぐ近くまできているんです。

このままだと、口の中に射精してしまいそうです。そんなことになったら、さすがにもう硬くならない可能性があります。それだけは避けないといけません。

「ちょ、ちょっと待って」

私はとっさに腰を引きました。彼女の口から抜け出たペニスが、唾液をまき散らしながら勢いよく亀頭を跳ね上げました。

「あぁぁん、どうしてやめさせるんですか?」

彼女が少し不満げに言いました。

「今度はぼくが、早希さんを気持ちよくしてあげるよ」

一回しか射精できないと告白するのは男の恥だと思い、私はあえてそのことにはふれずに、彼女を抱え起こしてベッドに寝かせました。

「早希さんの体、すごくきれいだよ」

私はベッドの上にのぼり、あおむけになった彼女の体を眺めました。

「いや……恥ずかしいです……」

彼女は両手で、胸と股間を隠してしまいました。

「隠さないで。ぼくは早希さんのすべてが見たいんだ」

そう言ってじっと見つめると、彼女は私の気持ちを理解してくれて、そっと両手をどけました。

呼吸に合わせて、まるでプリンのように乳房がプルプル揺れるのもエロいのですが、私の視線は陰毛が遠慮がちに生えている彼女の股間へ引き寄せられるんです。そこを見たいと思うのは、男なら当然ですよね。だけど、太ももをピタリと閉じているので、性器自体は全然見えません。

見たい……早希さんのオマ◯コが見たい……そんな思いが心の中でふくらむのですが、いきなり股間を愛撫するわけにはいきません。それにオッパイも十分に魅力的なので、私はまず彼女におおい被さるようにしてキスをして、オッパイをもみしだきました。すると手のひらに、硬い突起物が当たるんです。

「あれ？　乳首が硬くなってるよ」

「あぁぁん、中山さんのバカァ……そんなこと、いちいち言わないでください」

怒ったように言いながらも、彼女はかわいらしく唇をとがらせてみせるんです。その顔を見ながら指でコチョコチョと乳首をいじってあげると、彼女は唇を半開きにして切なげな声を洩らしはじめました。

「あぁぁ……中山さん……んんん……」

気持ちよさそうなその顔を見ると、もっと気持ちよくしてあげたくなり、私は乳首をぺろりと舐めてあげました。

「はっあああん！」

彼女の白い乳房に、さーっと鳥肌が立ちました。

「気持ちいいんだね？　じゃあ、もっと舐めてあげるよ」

私は左右の乳首を交互に舐めたり、しゃぶったりしつづけました。

「ああん、気持ちいいです……はああ……中山さん……あああん……」

彼女は体をくねらせながら、悩ましい声で喘ぎつづけます。その声をもっと聞きたくて、私は乳首を前歯で軽く甘噛みしてあげました。

「はひっ……んんん……」

苦しげな声を洩らし、彼女は私の髪をくしゃくしゃにするんです。かなり感じている様子です。そろそろいいだろう。もう恥じらいよりも、快感のほうが勝っているはずだ。そう判断した私は、舌愛撫を徐々に下のほうへと移動させました。

みぞおち、おへそ、そして……。

「早希さんの恥ずかしい場所をよく見せてね」

私は彼女の両膝の裏に手を添えて、そのまま腋の下のほうへ押しつけました。

「はあぁぁん……いやです、これ……あああん、恥ずかしすぎます」

彼女は和式トイレで用を足そうとして、そのまま後ろに倒れたような格好になりました。当然、陰部は丸見えです。

彼女の陰部は若干の色素沈着がありましたが、それも清純派のキャラとのギャップで、かえってエロく感じられるほどでした。おまけに、もう大量の愛液を溢れさせていて、キラキラと光っている様子は、ほんとうに美しいと思ってしまいました。

「中山さん、そんなに見ないでください……はあぁん……」

そう言いながらも、彼女は手で隠そうとしません。それは陰部を舐めて気持ちよくしてほしい、という思いからのはずです。

だから私は彼女の股間に顔を近づけて、割れ目をぺろりと舐めてあげました。

「あっはああん……」

彼女は感電でもしたように体をふるわせました。でも、股を閉じようとはしません。

だから私はペロペロと舐めつづけ、さらには割れ目の端で硬くとがっているクリトリスに舌愛撫を集中させました。舌で転がすように舐め、吸い、前歯で軽く甘嚙みしてあげたんです。

「あっ、ダメダメダメ……あっはあああん!」

やはりクリトリスは乳首の数十倍敏感なようで、彼女はいきなりエクスタシーに達してしまったようでした。

「イッちゃったの?」

「あああん……恥ずかしいです……」

はあはあと苦しげな呼吸をしながら、彼女はほてった顔で言いました。その顔を見ていると、私のペニスがピクピク痙攣して、彼女の膣肉の味を早く確かめたいと催促するんです。

もちろん私は、自分の衝動に正直に行動しました。なにしろ今日で退職で、今度彼女といつ会えるのか、いや、また会うことができるのかわからないのですから。

「さあ、今度はこいつで気持ちよくしてあげるよ」

私はそり返るペニスを右手でつかんで、彼女におおい被さっていきました。そして、亀頭をぬかるみに添えて、ゆっくりと腰を押しつけていったんです。

「ああ……入ってくるぅ。はあああ……中山さんのものが私の中に……あああ……」

「ううう……早希さんのオマ○コ、ヌルヌルしてて気持ちいいよ」

しっかりと根元まで挿入してしまうと、私は今度はゆっくりと引き抜いていき、完全に抜けきる手前で止めてまた奥まで挿入し、また引き抜きという動きを徐々に激しくしていきました。

「ああっ……す、すごいです。あああん……」

彼女は乳房を揺らしながら苦しげな喘ぎ声をあげ、二人のつながり合った部分がグチュグチュといやらしく鳴りつづけます。彼女が感じているのと同じかそれ以上に、彼女の膣肉が私のペニスを締めつけて、強烈な快感を与えてくれます。

私は若いころに戻ったように、力任せに彼女の膣奥を突き上げつづけました。すると、すぐに射精の予感が込み上げてきました。それでも私は、腰の動きを弱めることはできませんでした。

とにかくこの一瞬を、最高の状態で迎えたいと思ったんです。でも、できればいっしょにイキたい。だから射精を必死に我慢しながら、ペニスを抜き差ししつづけました。すると、すぐに彼女が苦しげに言いました。

「ああ、イキそう……はああん、またイキそうです！　あああっ……」

「いいよ、いっしょに……ああ！　イク……もうイクよ、うう！」

「あああああん、私もイクぅ！　あっはああん！」

膣壁がペニスを引きちぎらんばかりに締めつけ、私はそこからジュボッという音をさせながらペニスを引き抜きました。と同時に、彼女の体に大量の精液の雨を降らせたのでした。

「つまらない会社員生活だったけど、最後にいい思い出ができたよ。ありがとう」

最寄りの駅で、私は彼女に礼を言って別れました。そして電車に乗ったところで、ホテルに花束を忘れてきたことを思い出しました。だけど、そんなものよりももっとすばらしいものをもらったので、全然惜しいとは思いませんでした。

〈第四章〉

己の淫欲のまま人生を謳歌する人々

高校時代の教え子と介護施設で再会し熟練の性技で豊潤な女芯を嬲り……

寺田孝明　学習塾勤務　六十五歳

大学卒業から公立高校の世界史の教師をしていましたが、定年後は知り合いの経営する学習塾に誘われて、いまではそこで講師をしています。仕事のほうは順調といえるのですが、家庭のほうはけっして恵まれているとは言えない状況でした。

まず、この年齢でずっと独身のままです。これまでに何人か女性とつきあった経験もあり、婚約寸前までいった相手もいたのですが直前で断られてしまいました。見合いも何度となくしましたが、すべて空振りです。自分に男としての魅力がないからだといわれれば、それまでなのですが。

一人っ子だったので、そんな事情から両親との三人暮らしをずっと続けていました。しかし、十年ほど前に母親が急死し、それからは年老いた父親と男だけの寂しくわびしい生活を送っています。

弱ったことに、最近その父親に認知症の兆候が見えてきました。

父親は年相応に衰えたとはいえ、体のほうは健康で、ふつうに生活ができるレベルです。ところが、物忘れが激しくなり簡単な計算にも支障をきたすようになったのです。会話でも、トンチンカンなことを言い出すようになり、周囲を困惑させることもしばしばでした。もう九十歳を越えていますから、これも仕方のないことだと、私は受け入れるしかありません。

問題は、このままでは父親を家に一人で居させられなくなりそうなことでした。そうなれば、仕事にも出かけられなくなってしまいます。それでなくても老老介護で、私のストレスはたいへんなものでした。

当初はデイサービスの利用なども考えましたが、幸い経済的には余裕があったので、介護施設に預けることにしたのです。

時間をかけて介護施設をいろいろ見て回った結果、家から比較的近く、そこそこ評判もよく安心できそうなところをやっと見つけることができました。なによりも通勤ルートの途中にあり、その気になれば仕事帰りに毎日でも様子を見にいける点が気に入りました。そうはいっても、施設に入るのは私ではなく父親で、同じ入所者や職員との相性もあるはずです。そういった心配もあって、一カ月の体験入所をさせてみるということになりました。

それが半年ほど前のことでしたが、父親の担当者の酒井真弓《さかいまゆみ》さんという女性職員と顔合わせの挨拶をしたときに、どこかで会った気がしたのです。

酒井さんは四十代を越えたばかりでしょうか、制服らしい濃紺のポロシャツのせいで目立つ胸の大きさに、年がいもなくまず目がいってしまいました。父親を預けるというのに何を考えているのだと、罪悪感を感じた私はすぐに視線をそらしましたが。

後ろでまとめた短め髪はわずかに茶色く染められ、そのせいか、どことなく活動的な感じもあり、いかにもこの仕事に向いていそうな気がします。その一方で、胸の大きさや色白でおとなしそうな女性的雰囲気もあり、それがいい意味でアンバランスな印象を持たせました。

気のせいか別れ際に酒井さんのほうも、私に対して何か言いかけてやめたようですが、それ以上の会話もなく、思い過ごしだろうと考えながら私は帰宅したのでした。

家に帰ってからも、なぜか酒井さんのことが気になりました。思い出せそうで思い出せないモヤモヤとした気持ちと、女性としての彼女への興味が混ざり合った妙な気分でした。布団に入ってからやっと、真っ先に気にすべきは父親のことだったはずだと苦笑した私です。

父親を預けてから、週に二度のペースで介護施設を訪れました。そのたびに、酒井さんから説明を受けましたが、特に問題はないようです。酒井さんは「お父様は手がかからなくて助かります」と言ってくれました。父親もまた「親身になって世話をしてくれて、酒井さんはまるで本当の娘みたいだ」と喜んでいます。それを聞いた私は、このままこの施設に預けて大丈夫だろうと安心しました。

そんなことを繰り返して一カ月あまり経ったころですから、あれは五回目か六回目かの訪問のときだったと思います。

その日は午前中の授業の受け持ちだった私は、夕方前に介護施設を訪れました。そして、いつもどおりに面会スペースで、変わったことはないか父親を交えて酒井さんから話を聞きました。報告を聞き終え帰ろうと、立ち上がりかけた私に酒井さんが尋ねたのです。

「あの、お父様から聞いたのですけど、寺田《てらだ》さんって高校の先生をしてらしたんですか?」

「ええ、いまは学習塾で世界史を教えていますけどね」

私としては単なる雑談の続きくらいに思いましたが、酒井さんは続けて思いがけないことを言い出しました。

「もしかして、県立の○○高校にいませんでしたか？」

「何度か異動させられましたが、その高校にいたこともありますよ。なんでそんなことを知っているんです？」

「私、○○高校の卒業生で、寺田先生に教えてもらっていたんですよ」

「え!?」

どこかで見覚えがあると、モヤモヤしていた理由がこれでわかりました。けれど、やはり彼女についての記憶は、はっきりとはしません。それに酒井さんの年齢を考えると二十年以上前の話で風貌も変わっているはずで、教え子の数を考えれば思い出せないのはあたりまえでした。酒井という苗字も、ごくありがちです。

「私、授業だけじゃなくて陸上部の部活でも、先生に顧問でお世話になったんです」

「あ！　あの酒井、さんか」

突然、私の記憶がはっきりとよみがえりました。

公立の高校は、教師のほうが特に熱心でなければ、部活動にはそれほど力を入れないものです。陸上部も特に手を挙げる教師がいるわけでもなく、持ち回りで自分に顧問の役を押しつけられたかたちでした。実際、やることといえば生徒が無茶をしないよう見張ったり、大会参加の手配くらいなものです。

それでも、酒井さんは印象に残った生徒でした。というのも、彼女は走り幅跳びの選手だったのですが、部活中に足首をひねってしまい、近くの病院に連れていくため校庭から私の車まで背負っていったことがあったからです。あのときの、背中に押しつけられる彼女の胸と両手のひらで支えた太ももの感触は、女子生徒を性的な目で見ないよう心がけていた私を、ずいぶんと困惑させたのでした。

「実は最初に顔を見て、もしかしてとは思っていたんです。寺田というお名前でしたし。思い出してもらえて、うれしいです」

後ろで髪をまとめたいまの寺田さんと、部活のときに同じような髪型をしていた高校生のころの彼女の顔が重なりました。そして、罪悪感はありましたが私の視線は、ついついポロシャツの胸に向かってしまったのです。

酒井さんとのそんな関係が判明してからというもの、私の介護施設を訪れるペースは頻繁なものとなりました。当初は父親の様子を知るためだけだったところに、彼女と会っていろいろと思い出話をする楽しみが加わったのですから。

私は担任ではなかったので知らなかったのですが、彼女は大学に進学して、そこでも陸上競技を続けていたのだそうです。大学卒業後は、一般企業に就職して結婚したものの、その生活も長続きせず離婚、それからずっと独り身のままとのことでした。子どもはいないと言っていましたが、さすがに離婚した理由までは踏み込むつもりはありません。なにより私は結婚生活の経験がありませんでしたから、そのあたりの微妙な問題に口をはさむことなどできません。

その後、酒井さんはいくつか職を変えたものの、ここ五年間はこの介護施設で働いているのだとか。

「ここにいるお年寄りが家族みたいなものだから、寂しくはないんですよ。さすがに将来のことを考えると、少し不安ですけどね」

「俺はそんなこと考えたことないけどなぁ。いずれは一人で暮らすのが、あたりまえみたいな気持ちになっていたから。家族運が薄かったせいなのかもな」

「でも、すごい意外です。高校のときから、先生はてっきり結婚してるものだとばかり思っていたんですよ」

横に父親が同席しているとはいえ、そんな会話を交わしている私たちは、高校時代の教師と生徒に戻ったような気分でした。けれど、他人の目からはそうは見えなかったようです。もちろん男女関係を疑うというのではなく、あくまでも介護職員と入所者の家族だという前提があっての冗談なのでしょうが、ある日、三人でいるところをほかの職員から「まるでそうやって雑談しているのを見ていると、仲のよい家族三人がそのままここに来ているみたいですね」と、からかわれたのでした。

あるいは、祖父、父親、孫の関係といった意味だったのかもしれません。確かに冷静になって考えてみれば、私と酒井さんは親子ほどの年齢差がありました。

けれど、そのひと言で私が酒井さんを女性として意識してしまったのは確かです。予想外だったのは、彼女もまた頬を赤らめてうつむいてしまったことでした。

それでもこの時点で、私は彼女とはそれ以上の進展はないと思いました。彼女にはときに泊まりがけとなる介護の仕事があり、入所している父親の世話をお願いしているので、そうそう時間が取れないことを知っていましたから。

そんな私に、酒井さんは小声で言ったのでした。

「あの、希望すればお父様の一時帰宅もできるんですよ。担当者として私がつき添っても、おかしくはないと思いますけど」

早速、その申請を出したのは言うまでもありません。

その三日後、父親につき添うかたちでいつものポロシャツにジャージ姿の酒井さんが、家にやってきました。

明日は休みを取ったけれど、緊急の連絡があったら施設に行かなければならないと断りを入れつつもかいがいしく家事を片づける彼女は、明らかに介護職員の範疇《はんちゅう》を越えて一人の女性でした。

夕食のあと、施設は快適だと言っていたものの、やはり自分の家に戻って安心したのか、父親は早々に寝てしまいました。こうなると、私と酒井さんの間にも微妙な空気が流れます。

まるで、その空気にいたたまれないような感じで酒井さんが口を開きました。

「お風呂、お借りしますね。先生は、どうします？」

「どうしますって？」

「いっしょに入るなら、お背中を流しますよ。いつも、入所者のお年寄りにしてますから」

「人をそんな年寄り扱いするなよ。そのくらい、自分でできるさ」

それでやっと、酒井さんは笑顔になり、浴室へと向かいました。

私は少しの間考え込みましたが、棚からウイスキーを取り出してロックグラスに三分の一ほど飲み干しました。しばらくすると酔いが一気に回ってきたのが、わかりました。それでもう、後戻りはしないと決心がついたのです。

風呂場に続く更衣所で脱衣籠に脱ぎ捨てられたジャージやポロシャツ、それにブルーの下着を横目に服を脱ぎ捨てた私は、わざと乱暴にガラス戸を開けました。

「！」

シャワーを浴びていた酒井さんは、さすがに驚いた格好に口を開いて振り返りました。おかげで、彼女のたっぷりとした胸とまだピンク色を失っていない乳首が、続いてシャワーの水滴で濡れた白い肌と漆黒の茂みが、私の目に飛び込んできました。

一度は驚いた仕草を見せた酒井さんですが、隠そうとはしませんでした。それどころか、全裸の私に歩み寄り手首を握って引き寄せると、笑顔を見せたのです。

「先生、やっぱり背中流してほしくなったんだ」

「う、うん、まあね」

私は促されるまま、浴用の椅子に腰かけました。すぐに背中にお湯がかけられたと思うと、今度は石鹸を塗った彼女の手のひらで直《じか》にふれられました。

「タオル使うより、こっちのほうが気持ちいいでしょ？」

酒井さんの言葉が、熱い吐息となって私の首筋にかかります。やがて、石鹸でヌルヌルになった酒井さんの手のひらは、背中から脇腹へ、そして私の胸をさすりはじめました。自然と泡でヌルヌルになった私の背中に、密着した彼女の胸が円を描くように動きました。

そのぬめった弾力の快感に、私のあの部分はムクムクと起き上がりはじめます。

「わぁ、先生っ、反応しちゃって、お若いですねー」

肩越しに私の股間をのぞき込んだ酒井さんは、まるで十代の娘のような嬌声《きょうせい》をあげました。振り向くと、すぐ横に彼女の表情があります。数秒間見つめ合った私たちは、それがあたりまえであるかのように唇を合わせ舌を絡め合いました。

「先生、このままここでしちゃう?」

完全に私の背中に胸を押しつけたまま体重を預けた格好の酒井さんは、甘え声で尋ねました。

「いや、ここじゃ狭いし滑りやすいよ。それに、布団の上でじっくり楽しみたいな」

答えた私は体を半回転させて、かつての教え子を強く抱き締めました。

先に風呂から上がった酒井さんは、バスタオル一枚だけを巻いた姿で布団の上に横座りになり、私を待っていました。

トランクス一枚だけの私は、彼女を抱き締めキスをしながらそのまま布団の上に押し倒します。その拍子に彼女のバスタオルがはだけ、露になった豊かな胸に私はむしゃぶりつきました。

「あっ、乱暴にしないで」

訴えが聞こえなかったわけではありません。しかし、酔いもあって興奮しきった私は、せっかちに彼女の股間へと手を伸ばしました。そして指先に温かなぬめりを感じ、あわててトランクスを脱ぎ捨てて酒井さんにのしかかったのです。

ところが、風呂場とは違って私のモノのは一向に硬くならず、しおれたままでした。あせりに駆られながら、私は柔らかなままのモノを彼女のあの部分へ、むだに何度も押しつけます。

「先生、ちょっと待って」

「ごめん、実は俺、あまり女の子に慣れてなくて」

「それはかえってうれしいんだけど、いまは私に任せて」

酒井さんはそう言うと、体を入れ替え私をあおむけにさせました。そのまま私の横で正座をすると、枕元においてあったゴム輪で髪を後ろにまとめます。続いて私の元気のないモノに手を伸ばすと、オズオズと顔を近づけました。

躊躇する酒井さんの吐息の熱さが、私のモノをくすぐります。そして、ついに思いきった彼女は、舌先で恐るおそるといった感じで先端に触れました。

「うっ」

先端から快感が広がり、体じゅうを走り抜けます。それでも情けないことに、私のモノはグッタリしたままでした。その様子に酒井さんは、私を横目で見ながらモノの根元を軽く握り、口にふくみます。口内でぎこちなく動く彼女の舌に刺激され、快感は倍増されましたが、やはり私のモノは反応しません。

「ごめんなさい、先生。私、そんなに上手じゃないし、こういうの久しぶりだから」

「いや、こっちの年のせいだよ」

顔を上げ申し訳なさそうに言った彼女の額は、うっすらと汗ばんでいました。

その表情を目にした瞬間、いま酒井さんの記憶が、突然またはっきりとよみがえったのでした。いまと同じように後ろでまとめた短めの髪、部活での額の汗、足首を痛めたときの不安げな表情、そして、背中への胸と太ももの感触などです。

同時に、股間のアレに力が流れ込むのを私は自覚しました。酒井さんもそれに気づいて、表情をほころばせます。

「先生、少し大きくなってきました！」

再び咥えようとする彼女でしたが、私はそれを制して言いました。

「今度は、胸で刺激してみてくれないか？」

酒井さんは、黙って行動に移りました。左手で半勃ちになった私にものにを握ると、白い乳房にこすりつけます。さらに硬くなった乳首を、これまでの舌先のように使って、モノの先端や溝の部分、裏の筋などをなぞりました。

「あっ、あっ、私も気持ちいい」

喘ぐ酒井さんに、私のモノは完全に硬くなりました。

このタイミングを逃がすわけにはいきません、私は上になり、やや強引に先端をあてがうと一気に腰を突き出しました。酒井さんが口にしていたとおり、乳首を使った愛撫で彼女も感じてくれていたようで、あの部分は十分に濡れていました。

そのおかげで、少しの抵抗感を伴いながらも、私のモノは酒井さんの中にヌルりと侵入しました。

「うっ、入った」

「あーっ、先生っ！」

酒井さんは、泣き声に近い甲高い喘ぎ声をあげると、私にしがみつきます。

私が動きはじめると、酒井さんは喘ぎ声の合間に告げました。

「あーっ、本当は、ずっと先生と、こうしたかったんです。あっ、あっ、だからいま、すごく幸せです……」

私は意識して乳首を柔らかく舌で転がしながら、頭の片隅で彼女との何か不思議な巡り合わせを考えていました。

正直に言えば、彼女を背負った高校教師時代に、私のほうも彼女を抱きたいと思ったのは確かです。けれど二人の関係を考えれば許されないことで、私はそんな欲望を心の底にしまい込み、忘れてしまっていたのでした。

それが二十年以上もの時間を隔てて、こうして実現しているのです。しかも、いまの彼女はまだ子どもっぽかった当時と違って、十分に成熟した魅力的な女性として私の腕の中にいるのです。

私はその時間の埋め合わせをするつもりで、懸命に腰を動かしました。つながっている部分は熱さを増し、ヌルヌルとした酒井さんの愛液にまみれて、溶けそうな錯覚さえ感じます。

「先生っ、私、イッちゃう！」

突然、酒井さんが小さく叫び、あの部分の内部が急激に狭まりました。そして彼女は、私の背中に回した腕に力を込め、腰を浮かせて強く押しつけます。

つながっている部分だけではなく、体全部が一体感に溶け合ったような気分でした。

「俺も、そろそろだよ」

「先生！　いっしょに、お願い！」

かつての教え子は、私の腕の中でガクガクと腰を細かく上下させ、押しつけた胸をふるわせます。

それに合わせて、私も快感の頂点を迎えました。年齢を考えると意外なくらいの量の精液を、いつまでも酒井さんの中にドクドクと注ぎ込んだのでした。

行為が終わったあと、ぐったりと横たわった酒井さんの目尻には涙が浮いて、泣き笑いの表情になっていました。それを見た私は、胸を締めけられる思いで、けっして一夜の関係で済ませてはいけないと思ったことを覚えてます。


その夜がきっかけとなり、週に一度、彼女は父親の一時帰宅につき添うというかたちで、我が家を訪れ泊まっていきます。夜は同じ布団で愛し合い、もはや夫婦同然だと言っていいでしょう。

事実、私たちは結婚を意識しはじめていて、そのときは介護施設から父親を引き取り、三人家族として暮らすことになるのだと思います。

セックスレスの夫に辟易した専業主婦
年下配達員を逆ナンして若返り不倫！

徳井実咲　専業主婦　四十九歳

中年を過ぎてセックスしたがるのは、いけないことなのでしょうか？

子育ても終えて、もうすぐ五十歳になろうとする私ですが、やはり男性と抱き合いたいと思ってしまうのです。この先のまだ長い人生を性の悦びを放棄して生きていくなんて淋しすぎます。

夫とはもう十年以上もセックスレスで、まじめに誘ってもはぐらかされてばかりでした。あなたがしてくれないならほかで相手を探すからと言い放ったのは売り言葉に買い言葉というか、捨て台詞《ゼリフ》のようなものでした。

でも、いざ相手を探すといっても、マッチングアプリみたいなものは敷居が高く、顔も見たことのない相手と会うのは怖くもありました。

そんな折、趣味の手芸関係で集荷をお願いしたり、荷物の配送が立て込んだ時期がありました、宅配便の配達員の阿部《あべ》くんと親しくなりました。

彼は十歳くらい年下でしたが、私は好意を持ちました。飲み物を用意したり、必要もないのにネット通販でよけいな買い物をしたりして、まるで中学生の恋のようでした。

楽しいから笑うんじゃなくて笑うから楽しくなる、そんな言葉を聞きますが、それと同じように、これは恋だと思い込むことで、私はますます彼のことを好きになっていきました。

ほとんど素っぴんだったのがふだんから化粧するようになり、足が遠のいていたスポーツクラブにまた通うようになって、結果として体重が三キロ落ちました。

とっくに着られなくなってクローゼットの奥にしまい込まれていた、胸の開いた服や、ミニのワンピースが十年振りくらいでまた着られるようになり、必然的に肌の露出が増えました。

半年くらいかかったでしょうか。彼はやっと私の気持ちに気づいてくれて、時間があるときは家に上がってくれるようになりました。

初めてのセックスは、いまも忘れられません。暑い日のことで「ちょっと涼んでいけば？」と、私がクーラーと麦茶で誘ったのです。

「阿部くんって、モテるでしょう。今、彼女とかいるの？」

「いえ、全然。彼女なんて、もうずっといないです」

そんな会話から始めて、だんだんと核心に迫ります。

「エッチなことしなくても、大丈夫なの？　平気なの？　体がおかしくなったりしない？」

「まあ、そこは自分でしたりとか……」

「それで我慢できるものなの？　淋しくない？」

「そりゃ、淋しいですけど……」

「そうよね。私もなの……」

会話がやっとそこまでたどり着くのに、麦茶二杯分かかりました。いい歳なんだから、もっとじょうずに誘えないものかと自分でも思います。

そして、その間にも私のアソコは愛液を流しつづけ、パンツの中はもうびしょびしょになっていたのです。性感神経が高まり、扇風機の風が産毛をなでるだけで感じてしまうくらいでした。

二杯目の麦茶を飲み干した彼に、おかわりをすすめようとグラスに手を伸ばしたとき、二人の手がふれ合いました。ビリッと静電気が走ったように感じられました。

でも、静電気ではありません。ただ、私の性感神経が反応してしまっただけでした。

「あんん……!」

エッチな声が出てしまいました。指先がふれ合っただけでそんなことになるなんて。恥ずかしい。はしたない。どれだけ飢えているんだと軽蔑されても仕方ありません。私は消え入りたいほどの羞恥心に、顔を真っ赤にしてうつむいてしまいました。

でも、彼はありがたいことに私を軽蔑したりはしませんでした。彼もまた顔を真っ赤にしていたのです。椅子の上でお尻をもじもじさせたりして、もしかすると勃起してくれたのかもしれません。

私は、恐るおそる手を伸ばして、テーブルの上の彼の手に自分の手を重ねました。彼はいやがりませんでした。私は指を絡めて彼の手を握りました。それだけのことをするのに、勇気のありったけをふりしぼらなくてはなりませんでした。

「阿部くんさえよかったらだけど……私と、そういうこと、してみない?」

やっと、それだけを言いました。喉はかすれ、声は上擦っていたと思います。

「……したいです」

彼はそう言うと、私の手を握り返してくれました。その刺激でまた私の全身に電流が走り、腰砕けとでも言うのでしょうか、もうふつうに立っていられないくらいでした。それを察したのか、彼が手を握ったまま、ぐいと私を引き寄せました。

「あ……！」

私はそのまま彼の腕の中に倒れ込んでしまいました。彼の顔が迫り、私は目を閉じました。唇が、私の唇に押しつけられます。

「ああ……ん」

ああ、キスってこんなに素敵だったんだ。私は長らく味わっていなかったキスの感触に、うっとりしました。そして、自分がどれだけこの感触を求めていたかをあらためて思い知らされました。

「ああ、ああ、むむぅ……」

私の唇を割って、彼の舌が口の中に侵入してきました。甘い唾液が流れ込んできて、私は思わず吸いつき、舐め取り、喉を鳴らして飲み下しました。それでも全部は飲みきれず、溢れ出した私自身の唾液と混ざって、口の端からこぼれました。

彼の手が、私の全身をまさぐりました。首筋から腕、胸、太もも、尻へと手は伸びます。彼の手がふれたところがいちいち熱くなり、そこから溶け出しそうな感覚が心地よく広がります。

「あん、あんん、ああん……！」

そして、シャツの開いた胸元から、彼の手が挿し入れられました。指先がブラジャーのすき間から侵入して乳首に届きました。

「ひぃ！」

ビリッと快感が走り、悲鳴のような喘ぎ声をあげてしまいました。乳首はすぐに反応して充血を始めます。くりくりと指先でいじられるほどに乳首は硬くしこって、より敏感に快感を伝えました。

「ああ、気持ちいい……」

差し込まれた彼の手と身をよじる私の動きでシャツがはだけ、ブラジャーがずらされます。すかさず背中に回された彼の手がホックをはずし、解放された乳房がぶるんと露になりました。

彼が、私の胸を凝視するのが感じられました。男の人の目の前に乳房をさらすのはほんとうに久しぶりで、あらためて羞恥心が込み上げました。

「ああ、そんなに見ないで……」

「ずっと、見たかったんです。実咲《みさき》さんのおっぱい」

彼がそんなことを言って、私の羞恥心を煽ります。でも、恥ずかしさは快感の邪魔にはなりません。それどころか、羞恥がより快感を高めるようでした。それを知っているかのように、彼の両手が私の乳房をぶるんぶるんと揺らすようにしてもみしだきました。

「ああ、そんな……」

自分の体がおもちゃのように扱われる感覚は、けっしていやなものではありません。屈辱感もまた快感に直結しているようでした。

「ああ……！」

彼へのいとしさが込み上げ、私は彼の頭をかき抱いて自分の胸に押しつけました。それを機に、彼が乳首にむしゃぶりつきました。もう十分に充血して膨張し、敏感になった乳首が彼の口の中で舌先にもてあそばれました。

「ああ、気持ちいい……！」

乳首への刺激が、じんじんと子宮に響きます。下腹部が熱を発して全身が燃えるようでした。彼は両の乳房をもみしだきながら、左右の乳首を交互に吸いつきました。

「あん、あん、あんん！」

思わずのけぞってバランスを崩した私を、彼はダイニングテーブルに押し倒しました。空のグラスが転がって床に落ちましたが、どうでもいいことでした。彼は私におおいかぶさるようにして乳房をもてあそび、乳首に吸いつきます。

「ああん……そんなに、おっぱいが好きなの？」

「そりゃ好きですよ。実咲さんのおっぱいはどんなだろうって、いつも想像していたんです」

襟ぐりの開いた、胸の谷間を強調する服を着ていたのがよかったようです。彼が私の乳房を想像したり、いろいろ妄想してくれていたなんて、それはとてもうれしいことでした。

「想像してくれたのは、おっぱいだけ？」

私は、ついそんなことを言ってしまいました。

「もちろん、こっちも、想像しましたよ……」

彼の手が、太ももに伸びます。そしてそのまま、スカートの中に侵入してきました。待ち望んだ展開でした。太ももを這い上る彼の指の感触によって、内腿に鳥肌が立ちます。

「ああ……」

そして、指先が股間に届きました。下着の布越しでしたが、十分すぎる刺激が私の性感神経をビリビリと直撃しました。

「ああ、ううんん！」

布越しでしたが、そこがもうびしょびしょになっていることは、もちろんバレてしまいました。

「実咲さんのここ、すごいことになってますよ？」

「ああぁん、言わないでぇ……」

彼の指が股布をくぐり抜けて差し込まれます。指先が、直接陰部にふれました。大陰唇をかき分け、膣口周りの敏感なところを探ります。

「あぁぁあ！」

快感が全身を貫きます。もうそれだけでイキそうでした。感電したみたいに背筋をのけぞらせながらも、私は腰を引いて、なんとか激しすぎる快感を流そうとしたのですが、彼の指先は許してくれません。引いた腰のぶんだけ指が追いかけてきて、さらに私のアソコをまさぐってきました。

「見ていいですか？」

心に響く言葉でした。真剣な表情から、彼がほんとうに見たがっているのが伝わりました。

「ええ？　そんな、恥ずかしいよう……」

口ではそう言いながらも、胸は期待でふくらんでいます。下着に指をかける彼に、私は腰を浮かせて協力しました。絞れば愛液が滴るくらいに、びしょ濡れの布切れと化したパンティが、足先から抜き去られました。

「あぁ……そんな……」

ダイニングテーブルの上にあおむけに寝そべった状態で、私の両脚は大きく広げられ、アソコが完全に彼の目の前にさらされました。

恥ずかしい。あらためて羞恥心が沸き起こります。私はほんとうに恥ずかしかったのです。初めて男性にアソコをさらしたときよりも、羞恥の気持ちはずっと大きかったように思います。

いい歳をして、成人した息子のいるような、こんなおばさんが、こんなふうに性器を男の人に見られているなんて。

「実咲さんのここ、すごくきれいですね」

彼の言葉は、私を夢見心地にしました。この年齢になって、そんなことを言ってもらえるとは思ってもみませんでした。あまりのうれしさに、その場で泣き出してしまいそうでした。

そんな醜態をさらさなくてすんだのは、彼がすぐにアソコにむしゃぶりついて、クンニリングスを始めたからでした。

「ひぃいい！」

恥ずかしいとかうれしいとか、涙も何もかもどこかへ消え失せて、私はただただ快感の渦に巻き込まれていったのです。

キスのときにも感じたことでしたが、男の人の唇は柔らかさの中にも力強さがあって、大陰唇は簡単にかき分けられました。膣口が押し広げられ、さらに舌が挿し込まれました。アソコにディープキスです。

同時に彼の鼻先が陰毛に隠されたクリトリスに押しつけられ、それはわざと狙ってということではないと思いますが、クンニリングスの動きに合わせて、ぐりぐりとクリトリスを刺激するのでした。

「あん、あんん、あんんぁんん！」

私は吠えるような喘ぎ声をあげながら、びくびくと全身を痙攣させました。腰がその場で跳ねて、彼の鼻面に恥骨を繰り返しぶつけることになってしまいました。

それが痛かったのか、舌先の狙いが定まらないからなのか、彼は私の太ももに腕を回して抱え込み、痙攣を続ける私の体を押さえ込みました。もう一方の手が私の股間に向けられます。そして指が膣口に挿入されました。

「あぁあ！」

私はまたしても大声をあげて、背筋をのけぞらせました。

途切れることなく愛液の溢れ出す膣内の肉は、何の抵抗もなく彼の指を呑み込みました。指は、もう長い間何物も受け入れてこなかった膣内を突き進み、あっと言う間に最奥部にまで達しました。

それだけでもたいへんな衝撃なのに、彼は同時にクリトリスにむしゃぶりついたのです。クリトリスはまるごと彼の口の中に吸い込まれました。前歯が包皮を剝き、性感神経のかたまりのような球状のクリトリスに舌先が絡みます。

膣内の指は指で、内壁をぐりぐりと刺激します。同時に繰り出される指と舌が生み出す快楽は、私の許容範囲を軽く超えていました。

「ああ、ああ、あああ！　それ、だめぇえ、刺激強すぎ！　イッちゃう……そんなの私、イッちゃうよう！」

全身を快感に貫かれ、痙攣はより強くなりましたが、太ももから腰をがっちりと抱え込まれた状態では逃げることもできません。私はそのまま、絶頂へと追いやられてしまったのです。

「ひぃいぁああ！」

全身に力が入り、ぴんと両足が爪先まで伸びました。頭の中が真っ白になり、ぽんやりした意識の中で誰かが悲鳴をあげているのが聞こえました。もちろん悲鳴は私自身の口から出ているものでした。

オナニーをすることはありましたから、絶頂自体はそれほど久しぶりというわけではありません。でも、自分でイクのと誰かにイカされるのは全然違う感覚でした。

彼の舌と指にイカされて初めて、私はいかに乏しい性感で自分をごまかしてきたかが、より鮮明に自覚できました。

「俺のも、してもらってもいいですか？」

ダイニングテーブルの上にだらしなく脱力する私に、彼がそう言って衣服を脱ぎました。目の前にペニスがさらされます。それは、はち切れんばかりに勃起していて、夫のものよりずっと立派でした。

久しぶりに目にするペニスはなまなましく動物的で攻撃的で、そしてとても素敵でした。私はテーブルを下りて彼の足元にひざまずきました。

指を絡めると、それは別の意志を持った生き物みたいにぴくんと跳ねました。かわいい。私は唇をつけて舌を這わせました。茎の部分から亀頭に向かって進みます。そして、がっぷりと亀頭全体を口に含みました。

「実咲さん、うまいですね……」

そんな言葉を頭上に聞いて、私は上目づかいで彼を見ました。お世辞ではなく本心からそう言ってくれているようでしたので、ホッとしました。

フェラチオもほんとうに久しぶりでした。最後にしたのがいつかも思い出せないくらいです。だから、ちゃんとできるかどうか内心不安でした。

でもそこは昔取った杵柄《きねづか》ということでしょうか。不手際なくできているようでした。

亀頭を口に含んで吸いつき、頬肉で締め上げるようにして前後にピストンします。溢れる唾液は溢れるままにしてこぼし、絡めた指ですくい取って茎全体に塗りたくります。口のピストンとタイミングを合わせて指でも茎をしごきます。そして、もう一方の手で玉袋を優しくもみます。

「あ、だめですよ！　今度は俺がイッちゃいますよ……」

彼はそう言うと、私の口からペニスを抜いてしまいました。お預けを食らった犬の気分でした。

「イッてもいいんだよ？　全部飲んであげるのに……」

言ってから、あまりにもはしたない言い草に自分で赤面してしまいました。

「それは、また今度お願いします」

彼は笑ってそうこたえ、ありがたいことに私のはしたない発言を軽く流してくれたのでした。そして真顔になって言いました。

「いまは、ちゃんと実咲さんのアソコに突っ込みたい。中でイキたいんです！」

私は、ますます赤面してしまいました。そんなことを面と向かって真顔で言われるなんて。幸福感が心に満ちました。こんな年齢になっても、ちゃんとこんなふうに求めてくれる男の人はいるんだ。私がずっと抱いていた願望は、おばさんの戯言《ざれごと》なんかじゃなかったのです。

私は彼を寝室に誘い、ベッドの上であらためて抱き合いました。私をないがしろにしつづけた夫に対して、遠慮や罪悪感は微塵もありませんでした。

彼は情熱的に私を抱き締め、そしてペニスが膣口を押し広げて私の中に入ってきました。

「あ、あ、大きい……やっぱり、大きいよ。大きいのが入ってくるぅ……！」

彼のセックスは完璧でした。激しい腰のピストンで亀頭の先端が私のいちばん深いところに届きました。

「ああ、いい、気持ちいい！　ねえ、キスして？　キスしてほしいの！」

彼が私の唇に唇を重ね、私たちは舌を絡ませ合って、上と下で同時に繋がりました。

私は早くも二度目の絶頂を予感しながら、快楽に身をまかせました。

それ以来、関係は続いています。週に一度か二度、配達の合間に私の家で彼と抱き合います。ホルモンバランスに関係があるのでしょうか、彼とセックスをするようになって肌や髪に艶が出たような気がします。

ご近所の主婦友だちにきれいになったとお世辞を言われたり、気のせいか肩こりや腰痛まで治ってしまったみたいです。

まさに春を取り戻したかのように、絶好調な私なのです。

夜間学校で知り合った知的な美熟女の爆乳を弄び六十路ペニスで女体責め！

坂口康之　無職　六十六歳

会社を定年退職した私は、地元にある大学の夜間学部に通いはじめました。

退職金で生活にも時間にも余裕があり、学生時代におろそかにしていた勉強をもう一度やり直したくなったのです。三歳年だった妻は二年前に亡くなり、二人の娘はそれぞれ都内で家族をもっています。長女からいっしょに暮さないかと言われましたが、いまさらその気はありません。

ここに通っているのは、若い学生ばかりではありません。私のような年齢の高い学生も珍しくはないのです。

昼間は働いている人、家庭の事情で夜しか大学に来れない人、さまざまな人がいます。もちろん、女性の数も少なくはありません。

その中に一人、ひときわ目を引く美しい女性がいました。

初めて見たのは入学後の最初の授業です。年齢は四十代の半ばほどで、眼鏡をかけた理知的な顔立ちをしていました。

一瞬、私は生徒ではなく、大学の先生が教室に座っているのかと思いました。服装も地味で、教室ではいつも一人で離れた場所に座って授業を受けています。休み時間も誰とも話さずに、黙々と勉強に励んでいました。

名前も知らず、口を利いたことさえありませんが、ずいぶん物静かでまじめな人だなぁという印象でした。話しかけようにもきっかけがなく、へたに近づくと下心を疑われてしまいそうで遠慮していたのです。

というのも彼女は美人なだけでなく、体つきもなかなか色っぽいのでした。服を着ていてもわかるほどの、豊満な胸の持ち主だったのです。

そうして大学に通いはじめて数カ月がたった、ある日のことでした。

相変わらず、彼女とは近づくきっかけもないまま、教室では毎日のように顔を合わせていました。

ところがその日に限って、私は授業で使うテキストを忘れてきてしまったのです。

鞄《かばん》をひっくり返しても見つからず、家に取りに帰るわけにもいきません。かといって、自分よりも若い生徒にテキストを見せてくれと頼むのも気が引けます。

くれました。

どうしようか悩んでいると、たまたま近くにいた彼女が私の隣に来て、声をかけてくれました。

「あの、もしテキストを忘れたのなら、隣の席で授業を受けませんか？　私が見せてあげますから」

これまで自分から話しかけることさえしなかった彼女が、まさかこんな申し出をしてくれるとは思いませんでした。

私は喜んで隣の席に座り、テキストも見せてもらうことができました。

しかし授業に集中できたかといえば、そうではありません。テキストを見るときも、彼女の豊満な胸がチラチラと目に入ってくるうえに、軽めの香水の甘い香りもただよってくるからです。

おかげで私はついムラムラしそうになり、授業にもまったく身が入りませんでした。

どうにか授業を終えると、私は彼女にていねいにお礼を言いました。それだけですませるのも他人行儀なので、お互いに自己紹介をして次の授業までに雑談をして時間を過ごしました。

彼女についてわかったのは、里恵《りえ》さんという名前と、四十三歳の既婚者ということです。子どもは大学生になり、親元を離れて暮らしているようです。

さらに詳しく話を聞くと、彼女は高校卒業後に大学へ入ったものの、経済的な理由で中退してしまったというのです。そこで子育てを終え生活が落ち着いたいま、あらためて大学に入り直したのだとか。

彼女の話から、学生時代から相当にまじめだったのがわかりました。休み時間までコツコツと勉強をしていたのも、好きでやっていたというのです。

せっかくお近づきになれたのだし、彼女とはもっと深く知り合えればと思いましたが、これ以上は勉強の邪魔になってしまうでしょう。彼女に迷惑をかけないよう、以前のように離れて座ることを心がけました。

ところが、翌日から彼女のほうが、私の隣の席に座ってくるようになったのです。

「ほんとうは、私も誰かといっしょに勉強をしたかったんです。今日から隣の席で授業を受けさせてもらってもいいですか？」

もちろん、彼女の申し出を断るわけがありません。学生時代でさえ、こんな夢のような経験はありませんでした。

なにしろ私は六十代で彼女は四十代と、親子ほどの年の差があります。それなのに仲よく並んで授業を受けるようになったものだから、男性たちからの冷たい視線もたっぷり浴びました。

もっとも、そんなことを気にしているのは私だけです。彼女は周囲の目などお構いなしに、どんどん距離を縮めてきます。

それも、ふつうに親しくなるだけではありません。次第に彼女の態度が変化してきたのです。

自分の胸が大きいのをわかっているはずなのに、わざと胸元を強調した服を着てきては、それを私に意識させようとするのです。そして私が少しでも視線を逸《そ》らしたり、逆に目を向けると「そんなに気になりますか?」と、からかってきました。

最初のうちは、そうした行為も笑ってすませてきました。おじさんの私をドキドキさせて楽しむなんて、子どもっぽいところもあるんだなぁと、その程度でした。

ところが、ある日の授業中のことです。

私と彼女は教室の後方の席に並んで座り、まじめに先生の話を聞いていました。

すると突然、彼女は私だけに見えるように「シーッ」と指を立ててきました。

また何か悪戯《いたずら》をたくらんでいるのだろうと、私は黙って前を向いていました。このころの彼女は、授業中でもたびたび私にちょっかいを出してきて、私もそれに慣れっこになっていたのです。

するといきなり彼女の手が、机の下の私の股間に伸びてきました。

「ちょ、ちょっと!?」

さすがに私は小声で注意をしました。しかし彼女は手を止めるどころか、悪戯っぽく私に笑いかけながら、堂々と股間のふくらみをなで回すのです。

明らかにこれまでのような、からかい半分の悪戯ではありません。それなのに、私はそれ以上の注意はできませんでした。

とうとう彼女の手はズボンの内側にまで入り、下着の中で直接ペニスをさわりはじめました。

すでに私は興奮し、ペニスを勃起させていました。彼女の細い指がそこに絡みついてくると、ゾクゾクするようなスリルと快感を感じました。

うすうすはわかっていましたが、彼女はただのまじめな女性ではありません。授業中に淫らな悪戯を仕かけてくるほど欲求不満だったのです。

授業が終わるまで、彼女は私のペニスをずっともてあそびつづけていました。

私も周囲に気づかれないよう、おとなしく机に向かっていましたが、いつ爆発してしまうか気が気ではありませんでした。

休み時間になり先生が出ていくと、私も彼女を連れて教室の外へ出ました。

そのまま使われていない隣の教室まで連れ出し、あらためて彼女に二度とあんなまねをしないよう注意をしました。

「どうしてですか？　坂口《さかぐち》さんだって、全然抵抗しないで悦んでたじゃないですか」

「それは……あんな場所で見つかったら、たいへんなことになるだろう。とにかくこれ以上、変なまねをされたら困ります」

必死の私の説得も、彼女にはまったく届いているようには見えませんでした。

逆に彼女は人がいないのをいいことに、さらに大胆な行動に出たのです。おもむろに私に抱きつくと、強引に唇を重ねてきました。

唖然《あぜん》とする私に、さらに彼女はこう言いました。

「私ってこう見えて、すごくエッチなんですよ。確かめてみます？」

すると、さっきのお返しとばかりに、私の手を自分の体へ導きました。

これまでさんざん見せつけられていた豊かな胸を、私は服の上からさわらされていました。

「いや、待ってください。こんな場所で……」

そう言いつつも、いったん胸のふくらみをさわってしまうと、すぐには手を離せませんでした。

手のひらを押し返すやわらかさと、たっぷりしたボリューム。その感触にたちまち私は心を奪われ、ついもみしだいてしまったのです。

それを見て彼女は、勝ち誇ったように私に微笑みかけてきます。

「遠慮しなくてもいいんですよ……どうぞ私の体を全部、好きにしてください」

その言葉で、私の理性は吹っ切れてしまいました。もう六十を過ぎているというのに、私まで性欲に逆らえなくなってしまったのです。

さらに彼女は、私の見ている前で服を脱ぎはじめました。

裸になった彼女は胸だけでなく、腰回りや下半身にもたっぷり肉がついています。むっちりとした脂肪が乗った体は、見るからに抱き心地がよさそうでした。

二人きりになって、まだほんのわずかな時間しかたっていません。それなのに彼女は、下着まで脱いでしまったのです。

さっきの教室でもそうでしたが、見た目とは裏腹にとにかく大胆です。男の私でさえ、いつ人が来るかもわからない場所で全裸にはなれません。

「さ、早く続きをしましょう」

彼女はそう言うと、あらためて私の手を取り、愛撫をせがんできました。

蛍光灯の明かりに照らされた彼女の裸は、まるで芸術作品のように美しく輝いて見えました。

胸の大きさと同様に、乳首も大きくツンと突き立っていました。サイズも立派ですが形もなかなか見事です。

股間はこちらもたっぷりの陰毛が生え揃い、大事な場所が隠れています。その毛深さも私にとってはそそるポイントでした。

こんな体を自由にできると思うと、たまらない気分です。若いころであれば我慢できずにその場で飛びついていたかもしれませんが、さすがにそこまでの情熱は残っていませんでした。

いったん私は彼女の背後に回り込み、背中に体を密着させました。そのまま片手を胸に移し、もう片方の手を後ろからゆっくり股間へ向かって這わせます。

いきなり最初からさわるのではなく、少しばかり時間をかけてじらしてやるのが、私なりの熟年のテクニックでした。

すると思っていたとおり、なかなか私の手が股間へと届かないので、彼女はもどかしそうにしています。

下腹部の肉をなでながらようやく股間に到達させると、まず指に絡みついてきたのは陰毛の束です。

そこをかき分けていくと、小さな肉の突起がありました。

「あんっ……」

その場所をさわったとたんに、彼女が小さく声を出しました。

すでに待ちきれなくなっていたのか、自然と足が開いています。まだ軽くクリトリスをさわっているだけなのに、息も乱れはじめました。

さらに指を股間の奥へ進めると、にゅるりとあっさり呑み込んでしまいました。

膣の中はものすごい濡れっぷりです。私の指は根元まで吸い込まれ、ねっとりと熱い穴に締めつけられました。

「あっ、ああっ……！」

指を動かしていると、つられて彼女の腰も小さく揺れています。喘ぎ声もかなりの色っぽさです。

「ああ、こんなに気持ちいいの久しぶり……あそこがジンジンしちゃう」

どうやら彼女も体に火がついて、たまらなくなっているようです。

ただあまり大きな声を出されると、教室の外に聞こえてしまうかもしれません。そのことが、心配性の私は気になって仕方ありませんでした。

私とは対照的に、彼女はまったくそんなことは気にならないのか、洩れてくる声もまったく遠慮がありません。

私が指を止めて注意をしても、甘えた声で逆にこう言い返してきます。

「もう少し、静かに！」

「だって、こんなに気持ちよくしてもらってるのに、我慢できるわけないじゃないですか。自分だって私の体を楽しんでいるんでしょう？」

言われてみればそのとおりで、さっきから私は彼女の股間をまさぐりながら、胸とお尻の感触も同時に味わっていました。

背中越しにもんでいる胸だけでなく、密着するお尻も見事なボリュームでした。彼女からもグリグリとお尻を股間にこすりつけ、刺激を与えてきます。

こんな魅力的な肉体が目の前にあるのに、途中で止めるなんてできるはずがありません。

こうなればよけいな心配はせずに、ここで最後までやるしかないと決めました。

「坂口さんって、とっても指の使い方がじょうずなんですね。もしかしていろんな人と、こういうことをしてきたんですか？」

そう彼女にほめてもらえましたが、私は妻の体しか知りません。ねちっこい指づかいも、年季の成せる技です。

私が再び指を動かしはじめると、待ってましたとばかりに彼女も「ああんっ」と声を洩らしてきます。

すっかりぬかるんだ股間は、愛液が指を伝って溢れ出ていました。あまりによく濡れるので、クチュクチュと湿った音が聞こえてくるほどです。

「ああ、もうダメです。早く……抱いてください」

彼女はしきりにそう訴えてきますが、私はなおも指だけで責めつづけました。

というのも、この歳ではせいぜい一度のセックスが限度です。それもいつ萎れてしまうか、自分でもわからないのです。

そうなったときのために、できるだけ彼女を楽しませておこうと考えたのですが、よけいにもどかしくなってしまったようです。

とうとう我慢できなくなったのか、彼女はおもむろに私の目の前にしゃがみ込みました。

そして教室の中でそうしたように、ズボンからペニスを引っぱり出したのです。

「こんなになってるのに、どうしてすぐに抱いてくれないんですか？」

私の勃起したペニスを見て、彼女はそう言いました。

もっとも、いまの私は勃起はしてもあまり硬さはありません。若いころはお腹に近づくほどの角度でしたが、せいぜい水平に傾くのが精いっぱいです。

少しずつ私は不安になってきました。もしかして、いまの私が彼女を抱いても失望させるだけかもしれない。男として自信を失いかけていたのです。

「いや、もうこの歳だとあまり体力も残ってないんだよ。このままだと君を満足させてあげられるかどうか……」

そう弱音を口にする私に、彼女は励ますように言ってくれました。

「だいじょうぶですよ。私が口でもっと元気にしてあげますから」

なんと、おしゃぶりまでしてくれるというのです。

すかさず彼女の唇が、ペニスをついばみはじめました。

先端に口づけをすると、軽く挟み込んでハーモニカを吹くように横すべりにさせます。そうやって往復しながら、舌も這わせてきました。

長年の結婚生活で、妻にフェラチオをしてもらったことはありません。淡白に交わるだけで、愛撫らしい愛撫もせずに終わっていました。

それだけに親しくなったばかりの女性から、こんなサービスをしてもらえるのが信じられませんでした。

唾液でペニスを濡らしたあとは、彼女はすっぽりとペニスを口に含みました。

「ううっ……」

温かく濡れた口内に吸い込まれると、いきなり舌が絡みついてきました。

初めて味わうフェラチオの快感は、とてもすばらしいものでした。やわらかな唇の感触と舌の動きがたまりません。

彼女はまるでそうするのがあたりまえのように、ペニスをねっとりとおしゃぶりしてくれます。

おかげで、ペニスはますますいきり勃ちました。水平だったものがさらに角度を増し、若いころのような元気な姿を取り戻しました。

「見てください、ほら！　こんなに硬くなったじゃないですか」

口から吐き出したペニスを見て、彼女はうれしそうに笑みを浮かべています。

こうなると私も自信を取り戻し、久々にやる気に満ちてきました。

せっかく私のために心を込めたサービスをしてくれた彼女を、満足させずに終わらせるわけにはいきません。そう自らに気合いを入れ、いよいよ抱いてやることにしました。

しかし教室にはベッドなどなく、立ったままか床に横になるしかありません。

私たちは並んで立つと、彼女には机に手をついてもらいました。その姿勢でお尻を突き出させれば、バックから挿入することができます。

「早く、入れてください……」

足を開いてお尻を見せつけながら、そうおねだりをする彼女に、はやる気持ちを抑えながら私はペニスを押し当てました。

濡れた股間を慎重に割って入り、一気に奥まで突き立てます。

「おおっ、これは……」

挿入を果たした私は、締まりのよさにしびれてしまいました。

さっきまでの心配はどこへやら、これほどまでに体が奮い立つとは思ってもいませんでした。

「ああ……すごいっ、いっぱい入ってる」

私とつながっている彼女も、うっとりとした声を出しています。

すぐに激しく腰を振ってやりたいところですが、この歳では無理はできません。まずは膣の感触を味わいながら、じっくりと責めてやるつもりでした。

私は彼女のお尻に密着していた腰を、少しずつ揺らしていきます。

けっしてペースも速くはなく、動きも大きくはありません。彼女には物足りないかもしれませんが、あせらずに動きを繰り返しつづけました。

するとたっぷりぬかるんでいた膣が、ペニスの出し入れに合わせて変化を見せはじめたのです。

「んっ、あっ、あぁんっ！　そこ……気持ちいいです」

彼女の喘ぎ声とともに、膣がうごめいてなかなかの快感でした。ペニスが丸ごと呑み込まれ、うねうねと締めつけてくるような感覚です。

まちがいありません。彼女は豊満な肉体だけでなく、内側まで名器の持ち主だったのです。

これには私も大いに気をよくし、さらに腰の動きを速めました。

一突きごとに、下半身から気持ちよさが込み上げてきます。もう腰が止まりそうにありません。

「もっと、いっぱい奥まで突いてください！　そこがいちばん感じるんです」

彼女の求めに応じ、勢いをつけてペニスを深く突き刺してやりました。

そうすると「いいっ！」と、これまでで最も大きな声が出てきたので、私はあわてて動きを止めました。

やはり、ここで大きな刺激を与えるのは危険なようです。今度は力を抑えて、彼女のお尻に腰をぶつけました。

こうして変幻自在にペースを変えられるのも、年の功です。ただ激しく腰を動かすだけの若者では、こうはいかないでしょう。

「いいっ、あっ、私……もうイッちゃいそうです！」

どうやら私よりも先に、彼女が果ててしまうようです。

ここでも私はあせらずに、じっくりと時間をかけて責めました。

もう少しというところで動きを止めて、なかなかイカせてやりません。もどかしげに彼女がお尻をくねらせても、最後の一突きを与えませんでした。

「お願い、お願いします！　もう……イカせてください！」

そんな言葉まで口にするほど、彼女は追い詰められていました。

ついには私に対して「中に出してもいいですから」とまで言ってきたのです。

いくら彼女にせがまれても、さすがにそれはできません。もうこれ以上は限界だろうと思い、腰に力を込めて動かしました。

最後にペニスを突き上げると、彼女は机の上に突っ伏しながら、膣をきつく締めつけてきました。

「あ……ああっ！」

かすれた甘い声をあげ、とうとう絶頂に達してしまいました。

私もペニスを抜くと、わずかな量の精液をお尻の上に放ちました。久々の射精でしたが、この上ない充実感に満たされていました。

この日から、私の夜の学生生活も一変しました。

一度抱いてやったことで、彼女は私のねちっこいセックスの、とりこになってしまったようです。

休み時間にはたびたび教室を抜け出し、体を求めてきます。私が六十過ぎであることもお構いなしです。

おかげで、私もすっかり勉強に身が入らなくなってしまいました。いまでは勉強よりも彼女の体に夢中で、これでは何のために大学へ来ているのかわかりません。

しかし、この歳でもう一度青春を取り戻したのだから、これでいいのでしょう。

◉読者投稿手記募集中！

素人投稿編集部では、読者の皆様、特に女性の方々からの手記を常時募集しております。真実の体験に基づいたものであれば長短は問いませんが、最近のSEX事情を反映した内容のものなら特に大歓迎、あなたのナマナマしい体験をどしどし送って下さい。

●採用分に関しましては、当社規定の謝礼を差し上げます（但し、採否にかかわらず原稿の返却はいたしませんので、控え等をお取り下さい）。

●原稿には、必ず御連絡先・年齢・職業（具体的に）をお書き添え下さい。

〈送付先〉
〒101-8405
東京都千代田区神田三崎町2－18－11
マドンナ社
「素人投稿」編集部　宛

◉新人作品**大募集**◉

マドンナメイト編集部では、意欲あふれる新人作品を常時募集しております。採用された作品は、本人通知のうえ当文庫より出版されることになります。

【応募要項】 未発表作品に限る。四〇〇字詰原稿用紙換算で三〇〇枚以上四〇〇枚以内。必ず梗概をお書き添えのうえ、名前・住所・電話番号を明記してお送り下さい。なお、採否にかかわらず原稿は返却いたしません。また、電話でのお問い合せはご遠慮下さい。

【送付先】 〒一〇一-八四〇五 東京都千代田区神田三崎町二-一八-一一 マドンナ社編集部 新人作品募集係

熟年白書《じゅくねんはくしょ》 甦る性春《よみがえるせいしゅん》

二〇二一年八月十日 初版発行

編者◉素人投稿編集部【しろうととうこうへんしゅうぶ】

発行◉マドンナ社
発売◉二見書房
東京都千代田区神田三崎町二-一八-一一
電話 〇三-三五一五-二三一一(代表)
郵便振替 〇〇一七〇-四-二六三九

印刷◉株式会社堀内印刷所 製本◉株式会社村上製本所 落丁・乱丁本はお取替えいたします。定価は、カバーに表示してあります。

ISBN978-4-576-21108-4◉Printed in Japan◉©マドンナ社

Madonna Mate